罗硕 编著

货币传奇

THE LEGEND OF MONEY

山西出版传媒集团 山西教育出版社

图书在版编目（ＣＩＰ）数据

货币传奇/罗硕编著. —太原：山西教育出版社，2015.4
（2022.6 重印）
ISBN 978-7-5440-6354-8

Ⅰ. ①货… Ⅱ. ①罗… Ⅲ. ①货币史-世界
Ⅳ. ①F821. 9

中国版本图书馆 CIP 数据核字（2015）第 065258 号

货币传奇
HUOBI CHUANQI

责任编辑	彭琼梅
复 审	李梦燕
终 审	张沛泓
装帧设计	薛 菲
印装监制	蔡 洁

出版发行	山西出版传媒集团·山西教育出版社
	（太原市水西门街馒头巷7号　电话：0351-4729801　邮编：030002）
印 装	北京一鑫印务有限责任公司
开 本	890×1240　1/32
印 张	7.125
字 数	171 千字
版 次	2015 年 4 月第 1 版　2022 年 6 月第 2 次印刷
印 数	3 001-6 000 册
书 号	ISBN 978-7-5440-6354-8
定 价	39.00 元

如发现印装质量问题，影响阅读，请与印刷厂联系调换。电话：010-61424266

目　录

引　言

一张纸的魔力

◇┈┈┈┈┈┈

　　你最近的考试成绩非常让人满意，学校奖励你1000元钱，那么学霸先生，这笔巨款你打算怎么花呢？如果你选择犒劳自己，一次性将这笔奖励全部挥霍掉，也许在琳琅满目的商场里你会面对取舍的难题，但也必将度过一个愉快的购物日。然后在夕阳西下华灯初上的时候潇洒地走出商场，手上拎着大包小包，重得要命，只悔恨自己为什么连坐公交的钱都没剩下。可是如果希望在将来的人生里拿到更多这样的奖励，你聪明的大脑就要开始思考了，因为你遇到了一个最神秘而有趣的现象！

　　让我们跳出生活常识的惯性，试着用抽象思维来想一想你今天做的事情：你考出了好成绩——学校奖励你十张"纸"——你到商场里面吃喝玩乐外加带走了许多喜欢的商品——你又把那十张"纸"给了商场。这既不神秘也不有趣！好，那么思考一下这样几个问题：学校给了你很慷慨的奖励，你得到了什么？十张纸！当然，这不是普通的纸，但它们又有什么特别呢？你在商场里面随心所欲地拿走别人的东西，却对等地付给别人十张纸，虽然这不是普通的纸，可是凭什么十张印了特殊花纹的纸能特殊到和一堆你喜欢的物品对等呢？这纸有什么魔力？它到底特殊在哪里？又是什么赋予它这种特异功能的呢？

要回答这些问题，我们先假设一个场景：你养了一头牛，我要来买你的牛，在不同的时代我应该怎么买呢？

虫洞打开了，首先我们回到了公元前3500年，和浪漫的穿越小说完全不一样，这时还是新石器时代的部落文明时期，由狩猎和采集的原始公社社会向原始农业社会过渡。这时要交换你的一头牛，我可能需要支付一架石犁和两把石斧，双方都是出于农业耕种的需求，然后这笔交易就这样愉快地决定了！

如果你喜欢看演义小说，《封神演义》肯定是不能错过的。在这部小说一号反派商纣王的国家，如果我要买你一头牛，你能从我这里得到一块海贝，不要以为自己吃亏上当了，在夏商时期，贝币可是很盛行的，这也是很多关于财物的汉字"贪""财""贫""贵"的由来。

时间之轮转动，我们又到了春秋时代。作为一个学霸，你肯定愿意卖掉你的牛、准备脩金去鲁国听孔子讲课，恰好我正需要一头牛，因为在农业发达的三晋地区，所以我支付你5枚青铜铲币。

喜欢楚汉争霸的历史吗？这个时期除了逐鹿的英雄，还流行历史上赫赫有名的半两钱，外圆内方的造型暗含天地造化，后代一直沿用。这时我要买你一头牛，需要支付给你一定量的半两钱，不过虽然名为半两，但秦朝铸钱厚重而大，刘汉铸钱轻薄而小，这个一定要区分清楚，要不就亏大了！

转眼到了大唐盛世，历经千年，这个时候要买你这头牛，我可以给你金银，但最普遍的是开元通宝，这是我国宝文制钱币的开端，甚至一直沿用到清末。金银绝对是古代的硬通货。

到了北宋时候，你就不用为了逛街的时候提着一包金属钱币而苦恼了，因为这个时期人类历史上最早的纸币"交子"已经出现。各种货币形态在这里汇集，至此，一张纸为什么能有购买力的秘密就可以揭开了。

"交子"出现在"天府之国"的成都，到北宋时期，这里已经是著名的丝绸产地，市场贸易频繁，在交子出现之前，商人们也面临着货币过重过大过杂的问题。当时，四川地区铜钱短缺，通用铁钱，铁钱重而贱，十枚铁钱才抵得上一枚铜钱，买一匹丝绸需要重达500斤的2万枚铁钱，交易还需用车载，流通极为不便。于是一些有经济实力且信誉好的商家就开出一张票据，表明持票人有票数等额的财产存放在他们这里，用这张票据来代替重量和数额巨大的铁制钱的搬运。事实上，这就是一张债券——我承诺你有等同票面数额的财富在我这里，并可随时凭票支取。

这笔财富可以用前面提到的任何一种形式来表示，但是无论形式怎样，是类似于犁和斧头这样的实物，黄金白银，圆形方孔的通宝，还是一张名为"交子"的纸，它们的实质都是借用一种大家都认同的媒介，来证明你拥有这样一种权利——在你拥有的额度大小范围之内，你可以支配市场上一部分商品，包括货物、劳力，还有后来被承认的精神创造力——在一个有劳动分工的经济社会，这种权利每个人都有，只是多少的区别；同时，每个劳动者也都是被这种权利要求的对象，无论被要求的是货物、劳动力还是精神创造力，你必须在一个社会分工岗位上有所付出。所以在规范前提下，社会上的每个人都处在一种债权债务关系中，所有人既是债权人又是债务人，你付出的劳动价值大小就是你的债权额度。这种债权债务关系不是个人对个人的，而是在一定的市场范围内，所有人的付出和需求随机交叉实现，由市场来负责控制和分配。

　　这种权利也构成政府权力的来源。"只要我能控制一个国家的货币发行，我不在乎谁制定法律"，权力游戏是由货币操纵权和军队的控制权构成的，一个是诱导式维持，一个是强制性控制。而对货币的操控，就是权力维持的核心，一个政权合法的标志就是人民愿意接受政府发行的货币，愿意承认其游戏规则。可是，强大如政府，其规则也只是遵循货币发展的时代现状来制定，否则，强权只能催生暴力，军队只能制造血腥，直到公平而稳定的规则再次被建立起来。

　　这种债权债务关系的有序维系，最重要的是建立一种市场内所有人都认同的形式，这种形式建立的过程就是信用建立的过程。如果你没见过钞票，你真的相信钞票可以换取东西吗？不，你不会相信，你的相信是建立在一个基础之上，那就是你相信别人都会相信这张钞票能换取商品。这也是为什么越南的货币越南盾在中国不能直接买到任何东西：相信越南盾有价值的是越南市场，这个市场和中国国内市场没有直接的关系，所以多数中国人并不认同它，不相信别人也会接受它，那么它即便作为货币，在越南之外的地方也就并没有价值。

　　在信用建立之初，交换必须有被认为是等值的货物，人们只认同实用的东西；到贵金属代表的一般等价物出现，金属可以广泛而有效地衡量和换取有价值的商品，一个相当广泛的范围之内，人们都认同它；然后，更精简的形式出现了，纸币得到了广泛的认同；一直发展到今天，你的收入只是卡里的数字变动，你的支出也只是卡里的数字变动，这种形式也得到了人们的认同。这就是货币数千年发展的主线——建立符合社会发展程度的交易者信用，直到交易者的范围扩大到所有人，信用成为信仰——所有人都认同你的有效劳动的价值，同时也都承认你获得了支取相等价值的商品和劳务的权利，货币就是发给你的"证明"。在前面所举买牛的例子里，交换一头牛的媒介从实物到金属再到纸币，如果继续发展下去，还会出现电子记录，人们接受的形式越来越简单，对媒介的信心也越来越强：我愿意用一头牛来交换一张纸，是因为我相信别人都承认这张纸能值一头牛，并且我随时能用它来换取一头牛。货币的发展实质上就是信用的发展，一切源自于相信契约和规则的力量，即便这种契约和规则是约定俗成的，法律也不过是它们的追随者。这种信仰非常强大，强大到"有钱能使鬼推磨"，人们的生活已经离不开它，所有人都希望能紧紧地抓住它；这种信仰也非常脆弱，当货币媒介的发行与现实脱节，并切实地影响到了它们的价值时，这种虚构的信仰立刻会被转移到被认为是安全的地方！

　　这就是纸币能用于购买的秘密！

　　回到开始的问题。学校给你十张纸的奖励很慷慨，因为它们并不是普通的纸，而是十张有额度的债权契约，你可以在额度内利用它们要求市场上任何一种商品和劳务，市场会承认它们并且满足你的愿望。你给商场的也并不是十张普通的纸，它表示你在得到自己想要的商品之后将这种债权转移给了商场——对等的转移——商场承认这种债权并乐意做这样的债权转移。

一切秘密都被揭开了，货币是什么，它就是这样一种债权契约，市场参与者的信任赋予了它承载债权的职能，它只是一张纸，它只是一个代表价值的符号，它本身一文不值，但是它却能换取几乎一切的商品。它是天使，它的出现促进了社会的进步，激励人们创造更大的债权，取得调配更多社会价值的能力，所以这个社会日渐丰富；它也是魔鬼，它是伊甸园煽动人类原罪的蛇，它是人类历史上最恶的恶！

货币，这个星球上最精巧奇妙的瑰宝，人类文明最深切的肇始者和参与者，它是一切幸与不幸的根源！

01　　初行泥板传文字

◇⸺⸺⸺

"我给你的爱写在西元前，深埋在美索不达米亚平原，几十个世纪后出土发现，泥板上的字迹依然清晰可见。"这是广为传唱的周杰伦的《爱在西元前》，歌曲中词作者方文山描绘了一幅幅古今交错的画面，借由巴比伦王朝古代生活的意象和今天的考古发现，来赞美爱情的坚贞和永恒。我们或许会在深情的节奏中被歌曲所吟唱的爱情所感动，通过这首歌，我们也早于课堂知道了两河流域的美索不达米亚平原和古巴比伦文明，可能还会引发关于那个新月形的冲积平原、那块肥沃土地上孕育的先进文明的无限遐想。传说中巴比伦王为疏解新婚妻子的乡愁所修建的空中花园，更是名列世界八大奇迹之首，成了最浪漫的传奇。

今天我们再回首去追思这段历史的时候，你会发现，这个5000年前发展起来的文明是那样的神秘又令人惊叹。

幼发拉底河与底格里斯河自西而东，汇合为阿拉伯河，形成一个三角洲冲积平原，平原从西北延伸到东南，形似新月，又有"肥沃新月"之称。这里土地肥沃，灌溉便利，是农业耕作的理想之地，所以历史上孕育了很多耀眼的文明，因为巴比伦王朝曾经在这里建立了统一的国家，取得了巨大的成就，所以两河流域的古文明又被统称为"巴比伦文明"。

巴比伦文明发源于苏美尔，是对苏美尔文明的继承和发展。苏美尔文明最早可以追溯到6000年前，大约在4000年前结束，这是一个神秘的种族，他们的语言、文化，甚至可能包括外表，都与他们的邻近和继任民族不同，至今还没有人知道他们从何而来。早期的底格里斯河和幼发拉底河，同埃及的尼罗河一样，定期泛滥，时涨时落。今天伊拉克南部干旱的冲积平原，之前并不是一个适于生存的地区，要在这里生存下来，必须有能力控制两河的河水来保证全年灌溉和饮用水源。苏美尔人从这里向南扩展，他们高级的社会组织和技术为他们提供了这样的条件，他们有能力控制喜怒无常的河水，并在这样一个困难的环境中生存和发展，当地原来存在的采猎文明无法与他们竞争。

两河流域被河流包围的平原就是《圣经》中传说的"伊甸园"，上帝用了六天时间创造了世界，在第六天造出了人，伊甸园就是上帝安置人类始祖亚当和夏娃的乐园。作为对神话的现实解读，这里确实是人类社会最早进入文明的地区。大约在公元前3000年左右，美索不达米亚平原聚居了约5000名苏美尔人，他们有先进的农业和手工业技术，在这里建立了复杂的灌溉排水系统，将美索不达米亚平原变成了利于农业作业的"伊甸园"。这里最先实现了原始氏族公社向文明的过渡，农业、手工业和畜牧业在这里得到了很好的发展，人们有了剩余的物产，于是这里出现了最早的社会分工，诞生了最早的交易市场，建立了最早的城市，创造了最早的文字和记录方式，而同时期全球其他地区的人们还无法利用原始狩猎方式来保障温饱。

除了农业技术，苏美尔人在建筑、天文、几何学及很多手工业领域都有着傲人的成就，而对后世意义最大的，就是他们发明的楔形文字和独特的记事方式。

苏美尔语是一种黏着语，也就是说，它的词由黏在一起的词段组成，与现今所有的语法结构不同，这是已知的最古老的人类文字。后来闪族人打败苏美尔人成为美索不达米亚平原的统治者，但宗教和法律的正式语言仍然沿用苏美尔语，而非本族的闪族语言，可见苏美尔语的应用程度之深之广。今天已经发掘出来的有超过十万篇苏美尔文章，大多数用这种语言刻录在黏土板上，有些黏土板还被小心放置在密封的陶罐里。

这些泥板上记录的内容包罗万象，包含了苏美尔人生活的各个领域。现今发现的最早的泥板可以上溯到公元前3500年。人们用黏土制成半干的泥板，将芦苇秆或骨棒、木棒制成的笔削成三角形尖头，用它在半干的泥板上刻压，留下楔形的印记，写好后将泥板晾干或者烧干，可以长期保存。这是人类最早的文字记录，它记录的不是哲学，不是对神灵的祝祷，甚至不是农业的生产经验，而是交易，是市场上交易者之间经济上的权利和责任，是最早的经济契约。

泥板有着明确的买卖双方和交易者权责规定，这是人类史上最早的货币雏形。以现在的眼光来看，作为约束性的契约文件，无论泥板的制作过程繁杂还是简单，它的形式庄重还是随意，它代表的信用是否可靠，在物物交换的原始市场时代，都不啻为一个划时代的创举。

苏美尔泥板

在农作物收获季节，农民将多余的粮食拿到市场上出售，一位神庙的僧侣恰好需要这批食物，于是他为农民制作了一块泥板，上面记录着他得到了农民的粮食，而他给农民的是一个承诺，他承诺到明年粮食成熟的这个时候，农民可以用这块泥板去神庙换取等量的粮食。由于客观条件的限制，这个市场的规模必然有限，出具泥板的一方，必须有着良好的信用和较高的支付能力，以使供给方认同泥板的价值。而一旦泥板的价值能够得到确认，在认同需求方信用能力和支付能力的人数范围之内，泥板就能够完美地流通。农民出售的粮食为神庙所得，神庙出具表示农民债权自身债务的契约，而作为一个宗教信仰程度极高的原始城市国家，苏美尔神庙出具的泥板有着无可比拟的信用和接受度，所以农民可以用这块泥板去市场上换取畜牧人的羊，畜牧人可以用它来跟工匠换取一把刀，工匠可以拿它换酒……依托神庙的信用，泥板虽然本身没有价值，但是作为一个表示价值的符号，它可以流通，市场交易的过程变得简便而高效。

事实上，泥板的流通过程和现在我们使用的货币是一样的：泥板由皇帝、神庙或者有信用的大奴隶主出具，我们现行的人民币是由中央政府授权的中国人民银行发行，它们垄断经济规则的制定权，其信用等级也相对较高，所以有发行资格；泥板和人民币本身几乎没有价值，但市场上都认同泥板或者人民币发行方的信用，所以也都承认它们代表的价值，它们在市场上能够很好地流通；泥板和人民币都作为一种度量方式和价值代表，简化了交易过程，促进了交易的发展。所不同的是，作为市场不成熟时期的信用，泥板流通的范围有限，开具的数量有限，风险性大，它所处的时代也决定了它不可能完全地被运用到流通过程。

　　不过，也正是因为泥板所处的久远时代，这种最原始的货币、最早的"钱"的雏形，它的出现，充分体现了人类先祖伟大的智慧和远古文明的璀璨辉煌，它必定是人类文明史上炫目的一页！

02　关中大夫五羊皮

◇ ....

　　中国的历史典籍浩如烟海，这是华夏文明5000年发展历程最好的见证，是在这片"西涉流沙，南尽北户，东有东海，北过大夏"土地上百代人心血和智慧的结晶，是中华文明延续的根本。通过各种形式的历史知识的传承和解读，很多历史人物的传奇都在向我们无声地讲述着属于那个时代的故事。

　　据《史记·秦本纪》记载："晋献公灭虞、虢，虏虞君与其大夫百里傒（奚），以璧马赂于虞故也。既虏百里傒，以为秦穆公夫人媵于秦。百里傒亡秦走宛，楚鄙人执之。穆公闻百里傒贤，欲重赎之，恐楚人不与，乃使人谓楚曰：'吾媵臣百里傒在焉，请以五羖羊皮赎之。'楚人遂许与之。"

　　汉语里有两个成语："假途灭虢"和"唇亡齿寒"，讲的是晋国国君晋献公用大臣荀息之计，以美璧良马离间虢虞两国，进而各个击破的故事。百里奚就是当时的虞国大夫，虞灭后被晋国俘虏，给将要出嫁的秦穆公夫人当了陪嫁的媵人（奴隶）。中途百里奚逃走，到楚国边境的时候被楚人抓住，之后一直在那边放牛。秦穆公听说他是个贤人，想请他来秦国，但又不能太高调了，不能让楚国知道自己的意图。穆公就想了个法子，说我们的一个媵人逃到你们那里了，我们用五张羊皮换他回来吧；楚国深信不疑，当即应允，百里奚以五张羊皮的代价被送到秦国，在咸阳和穆公论道三日，穆公当即托付国政，国人称其为"五羖大夫"。羖，就是公羊皮；五羖，就是五张羊皮，这个戏谑性的外号表明了百里奚的来历。

秦穆公与百里奚君臣遇合，两千多年来一直被传为佳话，是千古君臣知遇的楷模。百里奚身怀才能和抱负，青年起便有志仕宦，之后遍仕列国，却没遇到明主，一生坎坷，临到老了才明珠得售，令人唏嘘。秦国僻处西戎，为中原主流诸侯所轻，穆公苦心求贤，得百里奚，又由百里奚得蹇叔、孟明视、西乞术，秦国大强，穆公也位列春秋霸主，这其中有许多曲折的传奇故事传唱至今。读史至此，在为百里奚感叹之余，我们可以思考另一个问题：羊皮也能当钱用？

羊皮也能当钱用？如果要这个设问成立，前提是在这笔交易中百里奚是被赎回或者买回，也就是说百里奚是被当成货物来运作的，同时羊皮被当成等价物媒介，因为"买"的概念是相对于一种商品和一个交换媒介而产生的。这就涉及羊皮和百里奚这两种"物品"的定位了。

政治意义上，从夏朝建立到战国中后期，我国处于奴隶社会时期，奴隶不具备自由人的权利，随便被买卖，贱如草木。百里奚是逃到楚国边境被俘获的，身份等同奴隶，所以可以被买卖，而且价格低廉。那么羊皮呢？在这里，羊皮是货币吗？

原始社会末期，人类由渔猎社会向畜牧社会转变，渔猎社会的即时生产与即时需求完全重叠的生活方式，也转变为畜牧社会的储备式生产与即时需求的过量平衡——蓄养的牲畜越来越多，而消耗掉的量相对固定，剩余的非食物性财产也就越来越多。这同时也就有了交换需求，但当时还没有"货币"的概念，所以交换直接跳过了货币这个中介物，用"物"换取"物"。比如张三擅长打猎，李四擅长制盐，张三需要盐，只能拿自己相对比较充裕的猎物去交换，没有更简便的方式了。那么如果一定要不走寻常路呢？比如张三为人口碑很好，某天张三需要盐了，他能开具一张欠条赊李四一罐盐吗？这个提议一定会被李四拒绝，原因很简单——没有保障——先不论张三会不会写字，就是能画出大家都懂的画来，社会上也没有用借条买卖的先例，李四卖盐所得，是要养家糊口的，被张三一张欠条讹去了，明天若去渔夫王五那儿换条鱼，给他欠条他会认吗？张三平时信用是不错，可是这个时候的信用是不能支撑交易的，而且张三穷啊，即便有还钱的意愿，没钱还不是白搭？所以张三的好信用只能被拿来口头赞美了，不能在实际生活中有所帮助。那么好人张三难道就吃不上盐了吗？

有一个办法也许可行。如果制盐的李四这时恰好需要肉了，张三也需要盐，两家刚好都有对方所需，又都想要对方所有，谈好交换比例之后，这笔交易就可以完成了。可是如果制盐的李四这时不需要肉呢？他需要的是陶匠赵六的陶罐来装盐，而陶匠赵六需要渔夫王五打的鱼，王五成天吃鱼想换换口味吃肉，然后，能打猎的张三要吃盐，这样一路交换过去，张三就能满足所需了。

在这里的交换中，有几个关键的因素：

首先，是你手头有富余的产品，而且你的产品会有现实需求。假如张三有绘画的特长，他画了一幅《丛林里的蒙娜丽莎》，这是人类美术史的开端，万古不朽，可是在那时没用，刚刚吃饱饭，还有许多人吃不饱饭，要什么没什么的时代，还没到精神需求的层次。

其次，双方都有交换需求。现在我买你一斤米，你即便什么都不需要，拿了钱可以先存起来以备不时之需，可是在原始社会，紧张的产品供给决定了产品流通的小范围和即时性，不可能换远了，而且得马上见着东西，家里还烧着水紧等着米下锅呢！

第三，你能知道在哪里有需求，并且很容易地能接触到这种需求。比如在上面一个例子中，张三想吃盐了找李四，想吃鱼找王五，想要陶罐就去找赵六！

第四，双方都同意的交换比例。多少盐可以换得多少的肉，在这个比例上必须双方能达成妥协，这是交换得以进行的必要条件。

在这种形势下，人口稠密的地区就开始发展出集市。人们有了固定的交换场所，集市上逐渐聚集了大量的供求双方，人们到达这个地方，可以很轻易地交换到自己需要的物品，于是越来越多的人选择居住在集市附近，越来越多的人开始依附集市和交易而存在，也就有了区别于传统聚落的最初的城市。城市频繁而广泛的交易活动是刺激货币萌芽的基础，正是这种交易的扩大和增多，才产生了对"货币"这一媒介的需求，同时也促进了货币形态的不断升级改进。

再回到上面的问题，羊皮是种物品，百里奚作为奴隶，也是一种物品，这种交换不涉及货币，是"物"与"物"的交易。这也是"物品"和"商品"的区别，物品包括商品，物品必须满足有用且被买卖这两个条件才能成为商品，羊皮和百里奚之间是一种简单的互换，狭义上不能完全满足买卖的条件，所以不能被称为商品；但如果不那么严格地按照概念来归类，把羊皮看作即时支付的货币，这样的交易还是可以看作商品的买卖。从原始社会一直到战国，这种交换的模式产生于货币概念出现之前，在货币萌芽和发展的时期仍然顽强地存活着，它是满足货币出现前及货币由小众到大众普及的过程中自然经济下人们的社会需求的一种补充。

历史上，动物皮毛、丝织品、金属、盐，包括不能算作自由人的奴隶，因为易于携带、需求广泛、易于保存、流通便利、易于计值，都曾是物物交换中最受欢迎也最常用到的。所以，在某种程度上来说，这一时期也有货币，只是货币这一概念是由不统一的、有使用价值的、不含信用因素而是以实用性来确定价值的各种物品组成的。

这种简单直接的货币制度在不同的历史时期，应用得非常广。春秋时期就有"皮币"的说法，皮币即毛皮和缯帛，作为古代聘享的贵重礼物，"出皮币，命行人修春秋之礼于天下诸侯"。一直到汉武帝后期，因为连年的战争消耗，国家疲敝，钱币不敷国用，于是武帝想出了个好办法，"乃以白鹿皮方尺，缘以藻缋，为皮币，直（值）四十万。王侯宗室朝觐聘享，必以皮币荐璧"。以边缘装饰彩绣的方尺大小白鹿皮为"皮币"，价值四十万钱，王侯宗室朝觐的时候，必须以白鹿皮作为所奉献宝璧的托衬，而白鹿只有皇帝禁苑才有，这样一转手，诸侯的钱也就源源不断地流进了皇帝的腰包。这是变相恢复了物品的货币功能，在经济稳定且已经有法定铜钱的西汉早期，无疑是一种历史的倒退。大农令颜异说了句公道话："今王侯朝贺以仓璧，直数千，而其皮荐反四十万，本末不相称。"

诸侯献的宝不过价值数千，包装的皮荐却必须价值四十万，这是本末倒置了吧？颜异算是典型的没能揣摩上意，后来被武帝和张汤定了个莫须有的"腹诽"罪杀害了。就货币史层面来说，白鹿皮币因为价值大、数量少，只是短暂流通于贵族之间，并没有太大的历史意义，但从另一个角度，这种以一张兽皮承载较大流通价值的形式，也可以算作后世纸币的发源了。一直到1935年，为了稳定国际贸易、平衡政府收支进而加强金融控制，民国政府统一发行法币，规定白银国有。之后政府为了平衡财政赤字，采用了增加法币发行量的办法，到后来愈演愈烈，通货膨胀无法控制。于是，1948年，民国政府又统一发行金圆券，宣布限期收兑一切法币、黄金、白银、外币，并全面管制经济和物价。金圆券发行后，商品流通基本陷于瘫痪，人们又回到了以物易物的时代，一壶酒换一斗米，两匹布换一头羊，在一个初步建立了资本主义工商业的社会，这也是难以想象的。金圆券发行不到一年，解放军攻占南京、上海，人民政府宣布废除金圆券，以人民币1:100000的兑换比例回收。所以，历史上物物交易形式的出现都是和理性且稳定的经济制度甚至是政治制度的缺失相关的。

《史记·匈奴列传》记载，匈奴民族"士力能弯弓，尽为甲骑。其俗，宽则随畜，因射猎禽兽为生业，急则人习战攻以侵伐，其天性也。其长兵则弓矢，短兵则刀铤。利则进，不利则退，不羞遁走。苟利所在，不知礼义"。司马迁说，匈奴人从小被训练得都能打仗，他们的习俗是自然条件好就以蓄养牲畜、打猎为生，光景不好就靠"侵伐"。打得赢就打，打不赢就跑，不以为耻。只要哪里有点甜头，礼义廉耻一点不顾，非得去咬一口。

以汉族的道德来审视匈奴人，是未脱腥膻的"蛮夷"，可是这段文字讲的不光是民族冲突，更大的意义上来讲，是两个文明阶段的冲突：匈奴人以狩猎、畜牧为生，从"急则人习战攻以侵伐"可以看出，这种文明还处在不能温饱的原始状态；汉族已经进入农业文明的成熟期，作物品种的培育和推广、冶铁技术的发展和农具的普及、农业人口的增殖、农业经验的积累以及与之相适应的上层建筑——商业和文化、制度的发展，汉族的文明已经达到了领先时代的水平。所以这个时候匈奴对先进的汉族有物质上的需求，而且这种需求往往伴随暴力的满足。这就是两个社会阶段的对比：先进的民族面对自己的需求，可以利用物物交易去换取；落后的民族面对自己的需求，只能通过暴力劫掠。这是一条历史时间线上的两个点，生产力的进步促进了社会行为和经济形式的进步，而物物交易就是从原始的无制度状态向原始的制度状态过渡的产物。

　　从这个意义上来说，物物交易的确立和广泛应用，是文明的奠基仪式，一切的辉煌正是从这里开始的！

03　　君生南海我北海

◇＿＿＿＿＿

　　海边美丽的贝壳，一直是大家房间里的珍藏。它们斑斓光洁的外形，让人爱不释手，把玩着它们，仿佛耳边就听到了海浪轻拂沙滩的声音，鼻端嗅到一股清新海风的味道！

　　贝壳，作为海洋文化的标志被我们熟知。比起其他海洋生物，这种软体动物的钙化硬壳美观、易携带、易保存，特别是其中稀有的种类，大有收藏价值。两千多年前，贝壳就因为它们的这些特点，成为被赋予了高价值的货币，影响着当时人们的生活，而且伴随着华夏文明的发源和传承，它们更是作为一种文化符号在这个古老文明的基因里留下了自己的印记！

　　贝壳作为等价物参与经济活动的历史可以追溯到新石器时代晚期，盛行于殷商。殷商时代中原的畜牧业达到鼎盛，农业也得到了一定的发展，有了剩余产品，人们的生活也就自然地有了物质需求的外延，生产和产品日益社会化，因此产生了贸易，也就是在长期的贸易演变中，贝壳依靠美丽的外观、耐磨损、易计价、特定品类数量有限等特性成为交易等价物，代表财富的价值。以我们现在的视野来看，3600年前的海贝既不是濒危物种，其获取也并不需要复杂的加工或者很有技术含量的捕捞，如果贝壳能承载远大于本身的价值，那沿海岂不是遍地黄金的天堂？事实上，并不是所有的海贝都具有购买力，最常见的是一种齿贝，背面磨平，或者钻孔，以便于携带，其学名为"货贝"。这种货贝主要出产于我国东海、南海一带，而当时的经济中心是在黄河流域的平原地区，地理距离的遥远、经济区域性的缺乏交流，限制了供应，所以贝币在数量上是供不应求，这也确保了货贝作为货币的相对稀缺性。

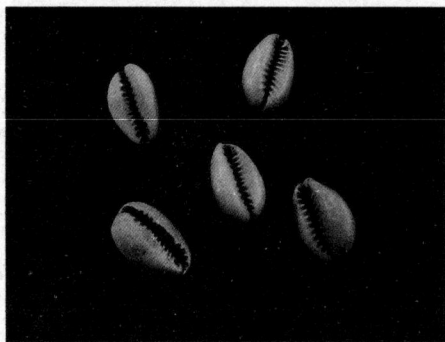

贝币

最初中原的货贝可能源于贸易、进贡或者劫掠。远在殷商之前的新石器时代末期，就有少量的货贝流入中原，但其数量还不到兴起一股流行趋势的程度。而在殷商时期，商业发达，专职的商人将富余的产品运送到与本地存在"差异性生产"的地方，比如东部的沿海民族，换取中部温带大陆性平原地区没有的物产，某些品类的贝壳也就作为珍稀物品而被引进。当时东部的一些少数民族部落，与中原的商王朝存在政权上的隶属关系，据传殷商属国三千，实数虽已无可考证，但仅仅《左传》一书有记载的就超过两百个，作为商朝的方国，货贝也常常被作为东方诸侯朝觐的贡品呈送入朝。而战争则是更为普遍的形式。商的东方是夷人，整个殷商时代的中原都与东夷处在断断续续的战争状态中，到末代的帝辛——也就是大名鼎鼎的商纣王时期，战争规模到达顶点，据《左传·昭公二十四年》记载，"《大誓》曰：'纣有亿兆夷人，亦有离德……'"亿兆虽属夸张，但也可见商纣王时期俘虏了大量东方的夷人。频繁的战争，而且多是恃强凌弱的胜仗，掳掠的财物自然可观，一部分货贝也就循着这个途径流入了中原地区。

进入中原后，货贝并不是一开始就成了货币。它们最初是作为装饰品而存在的。当时的人们已经开始了个性的觉醒，有了爱美之心，在一个"金（青铜）石骨器并存"的时代，饰物还是极度匮乏的，相比起普通的骨器石器，海贝精致的外形和天然的色泽能够很好地满足人们爱美的愿望。海贝所制器物称为"朋"，即一串数个用绳子穿起的海贝，这是当时时髦而奢侈的项链。"朋"的字形深具象形意义，这个字在金文中有作"拜"形，在甲骨文中有作"亚"形，据郭沫若先生考证，都是由颈饰之形发展而来的，脖子两边挂着两串海贝，极有画图写实的美感。发展到后来，"朋"被用来计量货贝的价值，用绳子穿起的货贝，五个一串，两串就称作"一朋"，"一朋"就是基本的货贝计价单位。

货贝作为装饰品的历史和它的功能一样，只是文明进化史上一个次要的点缀。它的主要历史功绩和意义，还是作为货币的等价物形态。无论是通过贸易、进贡还是战争，进入黄河流域后，货贝的身价立即大涨，完成了由"沙滩一卧两年半"到"今日浪打我翻身"的华丽转身。可是这种零星的传播并不能完全满足人们蓬勃的需求，货贝的稀缺导致了它流通范围的局限和价值的"高企"。在商代的卜辞和铭文中，常有"赐贝""囚贝""赏贝"字样，如"侯赐中贝三朋，用作祖癸宝鼎"，"癸巳王赐臣邑贝十朋，用作母癸尊彝"，"阳亥曰遣叔休于小臣贝三朋，臣三家，对厥休，用作父丁尊彝"。商王赏赐臣子或者用作铸造宝器的都只有区区"三朋""十朋"，且还要记诸典籍，可见一"朋"货贝价值之大。如此高的价值也可见货贝的流通范围的狭隘，只能限于上层社会的经济往来，并不能作为满足整个经济体交易需求的一般等价物。所以这个时期，实质上的经济发展水平已经产生了货币的需求，可是货币出现后还只能应用于极少数人，大多数人的经济活动都没有这样一种剥离物品实用属性的一般等价物的覆盖，还是处于以物易物的原始阶段。

想象一下，作为一个樵夫，孙七辛辛苦苦地砍了一天柴，挑着这担柴山上山下地跑，第二天还特意起个三更到集市赶早集。到了集市，终于等到有个人要买他的柴了，说定价钱之后对方拿出一朋货贝来付账，一朋货贝的价值远远超过两担柴钱，孙七找不开，甚至周边卖菜的、卖猎物的、卖弓箭的、杂耍的、卖酒的挨个求一遍，都找不开！怎么办？没有小面额的货贝，也就没有办法了！孙七眼睁睁地看着买家走开，这笔生意因为货贝不能顺利流通而做不下去了！苦等了良久，第二位顾客来了，就是旁边那位卖酒的，打算买了柴火回去蒸酒，可是他没有货贝，而且他也知道拿出来了也找不开，只能用刚酿的酒来抵偿了。可是问题又来了，孙七卖柴是为了得到食物养家糊口，要酒有什么用？可是他又不能不卖，集市开市的时间并不很长，过了中午集市就散了，明天再来加上赶路又得一天时间。所以孙七以两坛酒的价格把柴火脱手了。然后怎么办呢？以物易物！这是一个很烦琐的步骤，前面说过，首先你得知道谁有需求才行。那年头大家都不富裕，酒算是奢侈品了，孙七一直等到快散市了才用一个很吃亏的交换比例换了猎人的一只兔子。

在这个例子中，至少有两件事情值得注意。第一，货贝被赋予的价值较大，以至于影响它作为一般等价物的基本职能，只能是在贵族和大奴隶主之间作为赏赐、馈赠物或用于大批量商品的交易，它作为流通手段的基本职能被架空了，不能适用于绝大部分商品的流通；第二，因为流通商品大量存在和货币匮乏的巨大差异，只能采取原始的以物易物手段，以物易物相对于物品的不流通是一个进步，可是在物品流动较频繁的时代，却无疑是个落后的工具。这使得流通过程完成的效率极低，需要耗费大量的劳动时间和精力，影响了劳动生产。

郭沫若先生在《中国古代社会研究》一书中提到，"……赐贝之数以十朋为最多，十朋以上者未见，入周后则赐朋之数每每二十、三十、五十……"入周之后，货贝的数量有了一定的提升，可是提升幅度也并不是很大，可见整个商代，货贝的供应始终不充足，甚至一直到六百年后的西周，货贝的数量也未见有实质性的改善。所以，靠引入天然海贝弥补不足的做法被历史否定了。

于是，以天然货贝为模型，社会上大量出现了各种仿制货贝。"合观先后所得，始知初盖用天生之贝，嗣以其贝难得，故以珧制之，而后则以骨，又后铸以铜"（郭沫若）。最初是用的"天生之贝"，之后因为"难得"，供不应求，于是用人工造的珧贝作为补充，珧贝是用蚌壳刻成，仿贝币，形体扁平，两端穿孔。但这样还是不敷于用，于是又有了骨贝、石贝、陶贝，随着青铜冶炼技术的发展，又有了铜贝，其后又铸有金贝、银贝、鎏金铜贝等，这是中国金属铸币的开端，从此我国由天然货币进入了规则铸币时代。

但是贝币的影响一直在延续，春秋时，三晋地区以至齐鲁，铜贝得到了广泛的应用；战国初，楚国的蚁鼻钱，统一了长江中下游的货币体系。这些铜贝都是货贝的天然外形与人工金属定式铸造的结合，是对天然贝币货币功用的跨越式延续，它开启了我国金属货币数千年的绚烂篇章。

楚国蚁鼻钱

贝币见证了一千多年的历史，到秦始皇时才正式废止，但是其影响深远，甚至一直到清代，一些经济和文化封闭的西部少数民族地区，还有使用各种形态贝币的现象。现在，无论历史怎样变迁，我们书写的文字里，货、贵、账、贪、贫、购、赊……许多与商业或者金钱有关的字都含有"贝"字旁，这也是对中华文明初创时代的这种货币重要地位的肯定。作为我们文明的构成基因，贝币以流通范围广、流通时间长、代表性广泛、对后继的货币影响深远而成为真正意义上货币的滥觞！

04 昆吾铁冶始作钱

◇

之前说到过贝币在夏商之际的广泛使用，入周后，贝币仍然延续了它的功能，一直到中期的周共王时，铭文上记载的"金"字才多于"贝"字，反映了金属货币的应用开始扩大，逐渐取代了货贝的地位。事实上，从商代开始，就有了关于金属货币的记载，延续到西周早中期，这时的金属货币属于称量货币，主要是青铜，由于冶炼水平的限制，青铜还没有普及，所以价值较大——不包含等价物价值、不依托于信用的金属本身价值。铜块、铜条、铜饼、铜锭，各种形式的粗炼青铜被直接应用于支付，除了验看成色之外，还要称重，按重量计价。

由于耐磨损、易保存、质地均匀、易于分割等特点，金属在支付手段上有着天然的优势，所以金属货币的地位得以不断提升，但是本质上，这种支付的方式还是没有脱离实物货币的范畴，它的主要价值还是在于青铜的实用性，虽然比诸牲畜、布匹、兽皮、珠玉等交易中介物进步不少，但交易时检验成色和称重还是为交易带来了不便。所以商周之际，金属货币的广泛应用只是得益于金属的材料属性，而没有和"一般等价物"的概念完全结合起来。

于是金属货币也进行了一次进化，从称量货币向规则铸币转变，将成色、重量、形状固定下来，不以重量而以数量来为货币计价，同一币种每一枚所代表的价值相同，让它们真正成为脱离实物价值的一般等价物。

我国规则铸币的雏形就是前面提到过的商代铜贝——由于天然海贝不敷于用而衍生出来的青铜仿造物。铜贝以海贝为原型铸造，甚至连穿孔的磨痕都照样继承了下来，将货贝这种天然产物人工化，开启了规则铸币的先河。但严格说来，铜贝还不能算真正意义上的铸币，因为它的制作并不精细，大小不一，形状也都各有区别，所以不能一致地代表恒定的价值，它的价值衡量手段还是依靠称重，依旧没有脱离实物货币的形态。

真正将货币的重心从实物货币转向规则制币，还是在春秋战国时候。这时，随着生产的发展，农业和手工业取得了很大的进步，生产社会化程度提高，社会产品愈趋丰富，对交易的需求也空前强烈，而传统的实物货币已经显现低效的弊端。新兴的地主阶层和商人阶层满足物质需求的方式不同于传统贵族对封邑的索取，而是转向市场，大大促进了生产的商品化。随着井田制的瓦解，产生了许多自主生产的自耕农，私有的剩余产品推动了市场的繁荣，这些都对货币提出了更大的需求。而这一时期，物理性能更优的铁器在生产中得到了广泛的使用，一方面取代青铜成为主要的生产工具，将青铜从一般性应用中解放出来，另一方面也大大提高了采矿和冶金行业的效率，增加了青铜的供给量，而青铜虽然不如铁器坚硬，但较铁器耐腐蚀、有韧性的特点也促进了它向纯粹货币身份的转移。

青铜材料的脱离一般性应用和供应增加为更大规模的规则铸币应用奠定了基础。

春秋战国时期，铜钱已经成为周王室和四方诸侯国的主要货币，除铜钱外，金、银、玉、布、贝币以及其他实物形式也有使用，而且由于政治的割据和地域的文化差异，各国铜钱的形式和重量又都有所不同，总的来说，按照货币的形态区分，当时主要有四种货币体系：

第一，布币。主要通行于农业较发达的黄河中游的三晋、中原地区。这里是中华先祖的发源地，也是当时的政治、文化和经济中心，农业发展程度较高。布币的外形像农具中的铲子，就是模仿农具而出现的，"周代耕器称钱，而泉布则多作耕器形。揆其意殆以农为衣食货利之源，故货币即效其形"。泉通钱，是钱的另一种称谓，这句话的意思是古代的耕具叫"钱"，这也是今天"钱"字的由来，而"布"字则是作为耕具的"镈"字的假借，由"镈钱"而"布钱"，变成了货币的专指。"钱""布"都与农业生产有直接的关系，当时的货币制成耕具的形状，是因为农具是农业社会的主要生产资料，存在着广泛的需求，开始是实物的农具买卖，这种买卖认可度极高，实物农具可以起到一定的价值尺度和流通手段职能，仿形的"布钱"也分离出来，作为一般等价物流通，也就是成了纯粹的货币。而且农业是当时生活资料的主要来源，是社会存在和发展的根本，以农具为货币原型，这也表现了人们对生产力的一种朴素信仰。

布币随着时代的变化发展出了不同的形状，依据不同的形态可以分为三类。

（1）原始布：出现于西周早期，比实物的铲子略小，制作较简略粗放，没有纹饰。

（2）空首布：出现于春秋时期，比原始布小，制作也更精致。因为参照铲子的形状，上方保留了插木柄的孔，所以号称"空首"。部分空首布有纹饰，记载铸造的地点、数目或者干支。

（3）平首布：出现于战国时期，由保留插孔的空首变成片状的平首，比空首布小而轻。一般铸有纹饰，记载地名居多。

斜肩空首布

第二，刀币。主要流通于黄河下游的赵、燕、齐地区。形状类似于刀，刀柄有环，方便穿绳携带。刀的用途非常广泛，当时还没有纸，书写的材料主要是竹简，小刀的功能就相当于今天的"改正液"，遇到错误的地方就刮掉重写，这个功能也被作为公务文案的代名词传承了下来，《水浒传》中宋江自称"刀笔小吏"就源于此。

春秋战国时期的刀币按照不同的国家和其形状特点可以分为三类。

（1）齐刀：齐国刀币，刀柄略带弯曲，刀身正面有"齐法化""齐之法化""安阳之法化""节墨之法化""齐徐邦长法化"等字样，记载铸造的地点。齐刀外形精美大气，是先秦铸造工艺最高的钱币。

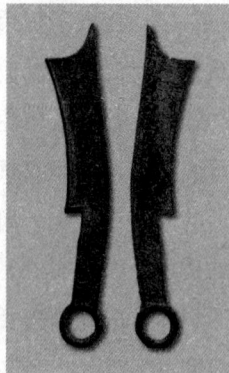

齐法化

（2）燕刀：燕国刀币，略小于齐刀，刀背略弯，刀身上宽下窄，刀上多有一个"明"字，也称明刀，除明刀外按照刀尾形状还有针首刀和尖首刀。燕刀铸造水平不如齐刀，尤其是含铜量方面，有很大的差异。

（3）赵刀：赵国刀币，比齐刀、燕刀略小，刀头近似圆形，有孔，刀柄和刀身接近于垂直，又称"小直刀"，刀的正面有"甘丹（邯郸）""白人""蔺""城白""晋阳化""晋阳辛（新）化"等纹饰。

第三，环钱。圆环形状的青铜币，被认为是仿造玉环或者纺锤制成，无论玉器还是纺锤，都是手工业的范畴，所以环钱是手工业发达地区的产物。环钱流通的范围非常广，除南方偏远的楚国之外，基本都有流通。其中，周王室、秦和三晋地区的环钱都是圆形圆孔，到战国时才向方孔演变，而东方的齐国、燕国则始终是内圆外方。

第四，楚钱。春秋战国时期，中国的经济重心在黄河流域，楚国所在的江淮地区开发程度低，称为"荆蛮"，基本被隔绝在中原的主流诸侯国之外。江淮地区多是蕞尔小国，以楚国实力最强，逐渐形成了以楚国为中心的南方文化系统，所以楚国的货币自成体系，与中原不同。

楚国的钱币包括流通的金银币和金银块，属于称量货币，此外，主要是蚁鼻钱和楚布。

（1）蚁鼻钱，上窄下宽，瓜子形状，是贝币的青铜仿币，因为钱币轻小，所以得名，上有纹饰，但是字义争议较大，文字形似鬼脸，又称"鬼脸钱"。

（2）楚布。楚国的铜布有旆布和连布。旆布是一种长条形货币，顶部呈倒三角形，有孔，下部有两足，形似燕尾，正面有四个大字"旆钱当釿",即当一斤的铜;背后有"十货"两字,即价值十枚蚁鼻钱。旆布主要流行于楚国的东部和北部,这些地区与中原接触较多,所以旆布受中原币制影响较大,类似于铲形。

连布形如两枚小布反向放置,四足相连,正面文字是"四钱",背面是"当釿",四钱就是四枚小布,即两枚连布,相当于一斤的铜,也就是一枚旆布。

连布

从西周到春秋战国时期,货币的演变除了依循生产力发展轨迹,还受政治格局的影响,所以这一时期的货币种类极为丰富,既有各个区域独创的特色,又相互影响、融合发展,为我国青铜货币的历史写下了一篇多姿多彩的序言!

05　　　　　　　　一扫六合开气象

◇⋯⋯⋯⋯⋯

　　民国学者夏曾佑先生在他的《中国古代史》中，极力推崇秦汉两朝，以秦汉为"极盛时代"，说："中国之教，得孔子而后立。中国之政，得秦皇而后行。中国之境，得汉武而后定。三者皆中国之所以为中国也。"而对秦王朝的"行政"，他评价道："秦自始皇二十六年并天下，至二世三年而亡，凡十五年，时亦促矣。而古人之遗法，无不革除，后世之治术，悉已创导。"抛开政治和文化领域不谈，单就货币层面来看，秦王朝确实做到了"革除"和"创导"，一扫陈弊，为中国钱币流通确立了两千多年的典范。

　　公元前221年，秦国经历数代人的心血，终于一统六国。秦始皇下令，在整个帝国疆域内"以秦法同天下之法，以秦币同天下之币"，取消了形制繁杂的六国货币，通行秦钱。"虞夏之币，金为三品，或黄，或白，或赤；或钱，或布，或刀，或龟贝。及至秦，中一国之币为二等，黄金以溢（镒）名，为上币；铜钱识曰半两，重如其文，为下币。而珠玉、龟贝、银锡之属为器饰宝藏，不为币。"上古以降，币制纷繁复杂，多种金属和实物货币混行，到了秦朝统一宇内，分全国的货币为两个等次，黄金为上币，一金重一镒，即二十四两；铜钱为次币，行半两钱。而其他如珠玉、龟贝、银锡之类，都不再作为货币，只能充作饰物宝器之用。这样一来，整个中国的币制就简单明了，"同币"扩大了秦钱的应用范围，币值也较稳定，有利于全国的经济交流。

　　秦朝的货币改革效果明显，其中最有成效的是铜钱"秦半两"。秦半两最早发行于战国中期的秦惠文王到秦武王时期，上书"半两"两个大篆文字，古朴重大，在秦朝统一前，一直在关内沿用，这个时期的半两钱被称作先秦半两或战国半两。统一后发行的半两钱，有小篆文"半两"两个字，"重如其文"，

秦半两

"径一寸二分，重十二铢"，废除了刀布的仿形设计，采用圆形方孔的形态，圆形可以降低使用时的磨损，方孔方便穿绳携带，也有人认为这是古人"天圆地方"宇宙观的反映。从秦半两钱开始，到民国时期，这种圆形方孔的铜钱一直贯穿着整个中国的历史，代表着中华文化对"钱"的定义，相比起"黄金白银"，"铜臭味""孔方兄"要贴近现实生活得多。

　　秦朝规定铸币权统一收归中央，严禁私人铸造，这样能确保全

国发行的铜钱含铜量相等，保持铜钱的法定价值。而对于因磨损或者铸造技术问题而存在的钱币含铜量差异，《秦律》规定："百姓市用钱，美恶杂之，勿敢异。"无论是大而重的"美"钱还是小而轻的"恶"钱，一律等价通用，不能区别对待、只收足值而排斥不足值的，"勿敢"，这说明政府强制推行官钱，推行等值的法定货币。

秦半两价值大，购买力强，"钱十一当一布"，十一枚半两钱能购买一匹长八尺、宽二尺五（秦时一尺约23.1厘米）的高质量布匹。云梦秦简的出土也提供了一些这方面的数据，比如一石（秦时一石约30.75千克）粟三十钱，三十钱是什么概念呢？在不久后的刘汉王朝，由于战争的破坏，"米至石万钱"，虽然有币值的变化和物价的原因，但秦半两的强大购买力也可见一斑。《史记·萧相国世家》记载："高祖以吏繇咸阳，吏皆送奉钱三，何独以五。"刘邦去咸阳，别人都送"钱三"，独独萧何送"钱五"，后来刘邦得了天下，"乃益封何二千户，以帝尝繇咸阳时何送我独赢钱二也"。赢通盈，赢钱二就是多出的钱二，这点事被刘邦记了十多年，还大提特提，可见"钱二"绝不是几碗馄饨的价。这样大面额的货币，事实上也是不利于流通的，但据《史记集解》注解的萧何送钱五之事，刘氏云："时钱有重者一当百，故有送钱三者。"所以秦朝可能还是有其他小面额辅币的。

秦朝的统一战争经历了数代人，统一后却只延续了15年。大泽乡之后，诸反王起义抗暴，战争在全国范围内展开了。对各路义军而言，最大的问题还不是秦军的围剿，而是钱粮，没有钱粮就没有兵马，于是为了扩充经济实力，大军阀纷纷自主铸币。不同于秦钱的高含铜量，诸侯的自铸钱大多省工减料，质地低劣，劣钱与良币并行，价值却是一样，铸币者就能从中赚取差价。

　　刘邦起兵之初，为筹措军饷，也私铸过半两钱。建汉后，"汉承秦制"，也基本沿袭了秦朝的货币政策，但是由于破坏严重，政府无力，"于是为秦钱重难用，更令民铸钱，一黄金一斤"，放开禁令，允许民间私人铸钱，还是称为半两钱，又称"榆荚钱"，实际重量由秦时的十二铢降到三铢，"一金"也由秦时的一镒二十四两降到一斤十六两。

　　其时，北至辽东，南至两广，铁器和牛耕已经在全国范围内普遍使用，加之重视灌溉，先进的生产力促进了农业的发展；农业的发展又促进了商业和手工业的繁荣，使得中央政府屡屡下令对商人"重租税以困辱之"。政治上，西汉初期实行休养生息的政策，民力得以快速恢复。经历高祖、惠帝、高后三朝，杂乱的货币已经影响到经济运行了。惠帝三年，禁止私人铸币；吕后时，先后发行"八铢钱"和"五分钱"，试图改变货币乱局，但"至孝文时，荚钱益多，轻，乃更铸四铢钱，其文为'半两'"，算是又正式规定了半两钱的标准。而与民休息的直接后果是国库缺钱，北方匈奴又频繁犯边，政府没有足够的财力来应付内外的困境，所以一方面文帝开始卖官，另一方面也再次放开了禁令，"令民纵得自铸钱"。为了防止民间铸钱不合规制，文帝推行"法钱称重"制度，由政府规定钱币标准，称为"法钱"，民间交易时，为了防止钱币价值的争讼，不以数量而以称重来判定钱值几何，比如一匹布卖一百铢，按照"法钱"四铢计算，给钱二十五枚，再对这二十五枚进行称重，不够一百铢的增加到重一百铢为止。事实上称重并不能解决问题，只要在铸钱时掺杂一些贱金属，重量还是可以达到规定，但是价值就低得多。因为有利可图，所以民间盗铸"奸钱"的非常多，贾谊谏言："今农事弃捐而采铜者日蕃，释其耒耨，冶熔炊炭；奸钱日多，五谷不为多。"可见允许私人铸钱后，铸钱形势的火爆，但是政府有心无力，文帝不听，所以"故铜布于天下，其为祸博矣"！"吴以诸侯即山铸钱，富埒天子，后卒叛逆。"汉景帝时期，将铸币权又有限度地收回，规定只有中央政府和地方郡国可以发行货币，但是货币混乱的局面依然没有改变，"钱益多而轻，物益少而贵"。

到汉武帝时，"至今上即位数岁，汉兴七十余年之间，国家无事，非遇水旱之灾，民则人给家足，都鄙廪庾皆满，而府库余货财"。（《史记·平准书》）经过"文景之治"的积累，国家人口增殖，农业发达，经济上已经相当强大，政府也有了改革经济的实力；政治上，七国之乱已平，有实力挑战中央的诸侯已经被击破，分封的土地越分越小，诸侯越来越弱，中央集权空前加强。与此同时，私人铸币的弊端日渐显现，币种杂乱，钱越来越轻，含铜量也越来越低，大大阻碍了市场交易。于是，汉武帝将铸币权收归国有，数次改革币制，先后发行"三铢钱"和"武帝半两"，到武帝元狩五年（前118），发行"五铢钱"，五铢钱由政府统一发行，名义价值和实际价值相符，同时铜钱两面外侧铸有凸起的外郭，规定没有外郭的五铢钱可以拒收，这样就能有效地防止投机分子对钱币的磨、剪，同时也可以减少对铜钱表面的自然磨损，保护钱面文字。后来五铢钱又几经改革，到武帝元鼎四年（前113），才最终确定由中央政府钟官、技巧、辨铜三个机构铸造"三官五铢"，三官五铢推行后，"钱既多，而令天下非三官钱不得行，诸郡国所前铸钱皆废销之，输其铜三官。而民之铸钱益少，计其费不能相当，唯真工大奸乃盗为

汉五铢

之"。至此，五铢钱的形制才正式确定下来。五铢钱的发行适应经济发展和物价水平，从此货币价值开始稳定下来，一直到隋朝，沿用了700余年，流通范围也得到了大大的推广。

　　秦汉两朝的货币改革在探索中结束了复杂的货币历史，为中国两千多年的封建社会确立了固定的货币范式，开创了货币演进的新阶段。单一而稳定的货币促进了我国封建社会的经济发展，有利于封建王朝中央集权的统一和巩固，为我国的政治和文化传承做出了巨大的贡献！

06 两京中乱行逆法

◇ ⋯⋯⋯⋯⋯

　　传说刘邦起义之前，作为亭长押解人役去骊山。一晚路经芒砀，前面探路的人报说有大蛇挡道，恰好刘邦喝了些酒，答道："壮士行，何畏！"径直过去，果然看到一条大白蛇横在路中，白蛇对刘邦说："你我皆有天子份，诛秦之后平分天下如何？"刘邦醉酒之人，火气大，听到这儿愤然拔剑，欲斩之，白蛇又发言了："我是要做天子的人，你敢斩我！斩我头我篡你头，斩我尾我篡你尾！"刘邦不听，手起刀落，却不斩头也不斩尾，当中将它断为两截。晚上刘邦做了噩梦，梦中只反复听到一句话："还我命来，还我命来……"刘邦迷迷糊糊也答了一句："这里深山野林的，到了平地再说吧！"本是无心之言，白蛇却记住了。第二天斩蛇处有个老太太抱蛇哭诉："赤帝子斩白帝子，我儿死得好惨啊！"刘邦才知道白蛇所言是真，不禁暗暗得意。谁知白蛇却记了仇，在汉平帝时化身篡了帝位，断了汉朝庙祀，还是后来光武起兵，才恢复了汉家正统。篡位的人叫王莽，"莽"与"蛇"相应，"平帝"时篡位恰好对应着刘邦"平地"还命的戏言，当中而篡，将汉朝分为西汉东汉，又按着当中斩断蛇身的旧事。

当然，这只是一个故事，一个隐藏在命理哲学、因果报应思想下的历史附会。历史上真实的王莽，确实在平帝之后篡了汉朝，重建基业，将刘汉一分为二，但他最引人注目的并不是神话或者妖魔化了的身份，而是站在时代巅峰时的所作所为，尤其是他以货币为重点的一系列经济改革，在他身后留下了无数的话题。

王莽，字巨君，汉元帝皇后、成帝之母王太后的外甥，他的五位叔父在成帝时候以外戚身份执政，号为"五侯"，骄奢淫逸，满朝侧目。王莽的父亲王曼早死，所以王莽在这个强大的家族里并没有什么地位，但他采取了以柔克刚的方式，一步步地进入了最高权力中心，完成了史上最经典的逆袭。

当时王氏五侯骄奢，后辈也多放纵侈靡，王莽却走了条"小清新"的路线，让自己在行为操守上与众不同。他生活简朴，勤奋好学，照顾母亲和寡嫂，养育兄长遗子，结交人才，谨事诸叔，彬彬有礼。叔父中最有权力的大将军王凤病笃，王莽衣不解带侍疾数月，感动了王凤，临死时还向王太后和成帝力荐王莽。然后，朝中中层官吏也纷纷建言，力举王莽贤明。不久，王莽被封为新都侯，而王莽"爵位益尊，节操愈谦，散舆马衣裘，振施宾客，家无所余。收赡名士，交结将相、卿、大夫甚众。故在位更推荐之，游者为之谈说，虚誉隆洽，倾其诸父矣"。

应该说，到这时为止王莽是个政治天才，他知道要上位需要的是什么，以王氏家族炙手可热的权势为基础，广泛结交所有能为他

"延誉"的人，然后大造声势。五侯及其子侄不可一世的嚣张气焰并不是从皇帝到下层官僚希望看到的，所有人都希望有一个能屈躬下士的贤人来掌权，更重要的是，皇帝需要外戚支撑，而王氏的权力不可能放手，所以王莽就是最适合的人选。

成帝死后，哀帝即位，王家受到排挤。王莽几经沉浮，始终与姑姑王太后站在一起。后来哀帝早死，王太后掌玺，王氏重新执政，王莽也迎来了人生的辉煌。从封安汉公、摄政到假造符命篡位，王莽使出了许多手段，让自己看起来不仅"高大上"，而且天命所归，不当皇帝不行。没几年平帝驾崩了，王莽终于篡位。

王莽得势得益于一个"装"字，将儒家修身守礼的规矩做足，把所有人都待候舒服了，但后期他又做得太过，只重表面功夫，做事不切实际。他本身的性格也存在狭隘、自大、贪婪、自私的缺陷，又要做漂亮事，又要满足自己的"小九九"，所以执政后行事虚伪反复，荒唐可笑。同时他又是个"复古"的理想主义者，言必称三代，行必据《周礼》。这些性格特点，都带进了他的执政生涯，他篡位后进行了一系列改革，在货币方面，逆潮流而动，把汉武帝之后稳定了120年并且依然稳健的五铢钱体系改得莫名其妙，建立了让百姓无所适从的货币制度。

"莽尤好纷更钱法，居摄时为错刀、契刀、大钱五十，与五铢钱并行。始建国元年，以卯金刀为刘氏谶，乃罢错刀、契刀、五铢，更铸小钱直一，与大钱五十，二品并行。二年，更铸金银、龟贝、钱布之品，钱货六品，金货一品，钱货二品，龟货四品，贝货五品，布货十品"，"凡宝货三物，六名，二十八品"。繁体的"刘"字拆解为"卯金刀"，为了隔绝一切旧汉刘氏的影子，就废掉带这三个偏旁的货币，更荒唐的是，就像《侏罗纪公园》里的疯狂实验一样，在时间的墓地里复活了贝币、龟币、布币等等已经盖棺定论的历史货币，前后建立了兼有各种材质、杂糅28种钱币的复杂货币体系。

对某些收藏爱好者，这也许是一个福音，但是对于只需要货币流通功能的绝大部分人，这无疑是个难题，所以"百姓溃乱，其货不行，皆私以五铢钱市买"。从这段话可以看出，五铢钱顺应时代需要，百姓也对五铢钱很有信心，而对王莽混乱的币制，则并不相

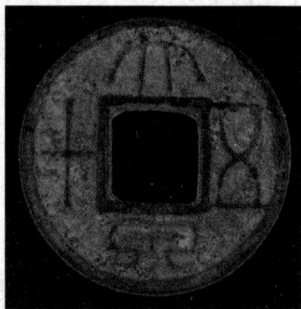

王莽大泉

信。最关键的，是王莽货币实际与名义上的价差，比如他发行的大钱，重12铢，上面的文字却是"大泉五十"，值五十枚五铢钱，也就是250铢，中间存在巨额的差价，所以百姓都不愿意使用，"论言大钱当废，莫肯挟"。"莽患之，下诏：'敢非井田、挟五铢钱者为惑众，投诸四裔（夷）以御魑魅。'"面对强大的阻力，王莽的货币只能在亲自下诏倡导下，威胁以"惑众"罪流放守边，强制在市场上推行，不过强制推行的效果也并不如意。

王莽五铢

货币改革一方面是为了满足王莽"复古癖"心理，就像一个全民参与的游戏，只是为了一个人"崇古"的想法，去试验他对货币的认知，并不是从货币的改革需要出发的；另一方面，也是为了满足王莽撕下羊皮后露出的贪婪本性，与之前"家无所余"的简朴作风对立的是，王莽通过货币改革搜刮了无数民财，"时省中黄金万斤者为一匮，尚有六十匮，黄门、钩盾、臧府、中尚方处处各有数匮。长乐御府、中御府及都内、平准帑藏钱、帛、珠玉财物甚众"。光宫内就有黄金六十多万斤，其他还有几处"财务甚众"。而当农民起义军眼看着就要推翻自己政权的时候，王莽"拜将军九人，皆以虎为号，曰'九虎'，将北军精兵数万人东，内其妻子宫中以为质"，然后"赐九虎士人四千钱"。扣住人家妻子做人质，出征时只给四千钱，王莽再不复微时"散舆马衣裘"的气概，而是用一种很小家子气的方式去威胁将领保卫他，于是"众重怨，无斗意"，疯狂的王莽也很快被愤怒的长安市民杀死。

公平地说，王莽的某些改革，比如改变庙祀制度、改变郡县名称、改变官职名称等等，都是可有可无的小把戏。但是某些经济改革，比如"王田制"和禁止买卖奴婢的制度，则确实是从当时尖锐的社会矛盾出发的，试图缓和阶级对立，站在弱势的农民阶级的角度来改变现状，甚至有人认为具有社会主义的经济思想。可是，西汉末年不同于西周，豪强势力非常强大，政府已经不能随心所欲地掌控全国经济，王莽的"王田"和奴婢改革，也在从上到下的一片反对声中只坚持了三年就不得已废止了。王莽的经济改

王莽货泉

革有相当大的空想成分，改革也很不彻底，但至少是直指这个庞大封建经济体的病灶，顶着强大的阻力触碰了困扰两汉始终、连集权实力最强的汉武帝都没能改变的雷区，从这方面来说还是有一定的积极意义的。

但是货币改革，则完全是一个"复古癖"无中生有的"意识形态工程"。甚至在王莽死后，币制也没有恢复稳定，实物货币和金属货币杂行于市，一直到17年后的光武帝时期，才重新将混乱的货币统一到五铢钱系统中来。

中国历史对奸臣的标准定义是"莽、操之流亚"，就是王莽、曹操之流。王莽和曹操都被当作了"白脸"奸臣的典型，但曹操还有个"枭雄"的评语，至少还是"雄"，而对王莽，则是完全的鄙弃，没有一点的好。这当然源于后汉文人们政治意义上的贬低，王莽很可能不是我们认识的那样，所以现在有很多人都在为历史人物翻案，将王莽塑造成了敢于牺牲的改革家。可是改革的衡量标准是实际的成效，抛开道德和政治权谋因素不谈，不论后世的翻案者怎样定义王莽的"伟大"，王莽的经济改革、特别是货币领域的改革，不切实际，除了混乱和矛盾，什么也没有为他的时代留下！

王莽的货币改革可以作为一个货币领域的反例，它告诉我们，货币是经济的依附，而经济发展程度是客观的，任何货币制度的改革或者改变，只能是对经济现状的主动适应，而非根据任何主观意愿。

回到开始那个故事，如果王莽真是那条报复社会的白蛇，他在位11年的所作所为已经达到目的了！

07 汉主东封报太平

◇ ······

　　中国历史上历来流行谶纬文化，人们认为一些流行的话语或者歌谣可以预示国家的吉凶和统治者的命运。从"檿弧箕服，实亡周国"出了个被指责"一笑亡周"的褒姒，到我们熟悉的"大楚兴，陈胜王"打造了历史上第一支掀起"身份革命"的反抗者，"杨花落，李花荣"为李唐灭杨隋补充了"天命"的合理性，直至后世小说《水浒传》中黄文炳构陷宋江的"耗国因家木，刀兵点水工"，直指宋江反名，无不令后人拍案叫绝。

　　古人对谶纬的重视不同于今天我们对公园里"麻衣神相"老先生们的热情，那是关于"天命"和国家的预言，是能造时势、出英雄的"软武器"。五胡十六国时后赵石勒曾忧虑地对下属直言："司马家犹不绝于丹阳，恐后之人，将以吾为不应符箓。"符箓是谶纬的书面文件，将"不应符篆"作为合法政权的代名词，可见其影响之广。正是由于"预示"的招牌和晦涩的语言，谶纬引发了人们的好奇心，大家都希望能找到一些关于未来的蛛丝马迹，所以即便到现在，袁天罡的《推背图》、刘伯温的《烧饼歌》也不乏拥护者。如果我们约束一下想象力，从唯物论的角度看，其实这些所谓的谣谶，都是一些"事后诸葛亮"附会的文字游戏，当然，作为对正史的补充，这些小点缀让历史更鲜活、更传奇，也更"接地气"。

历史上有两个人最信谶纬，第一个就是前面说到过的"新"朝皇帝王莽，此人做惯了面子功夫，所以对符谶祥瑞等吉兆有着超乎常人的热情，暗地里用各种手段假造了许多催促他快快登基的"吉征"。另一个就是东汉开国的光武帝刘秀。王莽年间，有一条表明天下归属的著名谶语"刘秀发兵捕不道，四夷云集龙斗野，四七之际火为主"。四七二十八，汉高祖刘邦到刘秀起兵的时间间隔为二百二十八年，暗合了这个数字；汉朝为火德，刘秀起兵打的是汉室宗裔的旗号，自然也是继承火德的。这条谶语据说被记录在名为"赤伏符"的符篆上，主要是为刘秀登基造势的，之后，刘秀宣布脱离更始政权，自立为帝，国号"汉"，史称东汉。

刘秀登基后也迷信谶语。刘秀家祖居春陵县白水乡，登基之前民间流传有"白水真人"的谶谣，而"白水"合起来恰好是个"泉"字，刘秀认为这是表示他上应天命，为此，尽管诸多不便，他登基后仍然沿用王莽时候的"货泉"。直到建武十六年（40），才在马援的建议下，废货泉，改行五铢。从此，东汉货币走向正轨。

东汉也有一些有时代特色的货币改革，但也只是五铢钱框架下的技术性修饰或者个人意愿的补充。汉灵帝中平年间（184—188），流行一种"四出五铢"，铜钱的方孔四角各有一条斜纹延伸开去，当时社会矛盾尖锐，就有人说此钱一出，天下四散，后来战乱频仍，持续了数百年的分裂局面，也可以说是一种巧合了。此外，汉代还流通过一种铁钱，由管理冶铁的官方机构"铁官"铸造，上镌"五铢"或"五金"字样，铁钱两枚约值铜钱一枚，但是影响远没有五铢铜钱大。

东汉灵帝"四出五铢"

西汉末年的持续动乱使国家经济元气大伤，东汉建立后接连不断的统一战争和对外战争又加重了国家的负担。为了恢复经济，光武帝采取了一系列的措施：与民休息，制定"三十税一"的低税率，并且进行了土地的重新丈量；国家控制的冶铁部门在全国推广先进的铁犁等铁质生产工具；兴修水利，鼓励开垦无主的土地，向有田地的农民出借粮食和种子。长期生产积累了大量农业生产经验，能根据植物习性全年安排作物种植，更加精细的播种方式，大大提高了土地产能。除此之外，东汉初年，黄河数次改道，迫使之前住在北方平原的农民往南迁徙，大量经验丰富的劳动力，极大地促进了南方土地的开发。

东汉经济得以迅速恢复，人口增殖，商业也开始繁荣起来。不同于西汉贬低商人社会地位的严苛律令，东汉"没有遏制商业的情况"（《剑桥中国史·后汉的经济和社会史》），政府不断增发五铢钱，以满足旺盛的商品经济需求，"铜钱在后汉完全赢得了支配一切的地位"。

铜钱支配地位最明显的佐证就是其流通的巨大规模。元和三年（86），名臣第五伦退休时，"赐策罢，以二千石奉终其身，加赐钱五十万"。而他之前迁任蜀郡太守时，"蜀地肥饶，人吏富实，掾史家赀多至千万，皆鲜车怒马，以财货自达"。权臣梁冀曾经查抄富户财产，有富人财产竟值七千万钱之多。

与铜钱大规模流通相对应的是铜钱的功能范畴的扩大。当时，政府税收由单一谷物转向由铜钱和谷物共同构成，甚至规定除土地税和劳役外，其他税种必须以铜钱纳税。铜钱在税收中的比重不断增大，简化了政府转卖谷物的流程，也减少了谷物贮藏中的浪费，节省了大量的人力物力支出。此外，劳役的货币化也是一个积极的改革，将农民每年一个月的劳役时间量化为货币，事实上是将服务转化为税收，农民可以自由选择履行方式，对郡县行政机关而言，用钱雇用工人服劳役也更划算、更可操作。甚至东汉政府曾将盐铁国家专营的禁令开放，武器都由私人制造、政府花钱购买。

社会的货币化程度的空前提高，也促进了信贷行业的兴盛。两汉统一多年，都经过了一段相对稳定的治世期，社会经济的发达，为商人资本和高利贷资本的增长提供了土壤，一些大商人、大地主也将多余的资财投入放贷中。当时出现了专门的放贷市场，政府对贷款利率也有限制，"庶民农工商贾，率亦岁万息二千"（《汉书》），万息二千，即收取百分之二十的利息，可见当时的高利贷市场相当发达，政府已经参与其中进行了制度规范。此外，政府和私人之间的借贷也多了起来，如前面提到的，政府向有田地的农民出借粮食和种子等物资，收获后再偿还，这些措施帮助了农民免于破产。而国家向富户借贷的情况也时有发生，如东汉安帝时与羌人发生了持久的战争，国库不支，向民间借贷达亿万钱；顺帝时也曾向富户每家贷借千钱。《史记·货殖列传》记载了一个高利贷商人的传奇发家史："吴楚七国兵起时，长安中列侯封君行从军旅，赍贷子钱，子钱家以为侯邑国在关东，关东成败未决，莫肯与。唯无盐氏出捐千金贷款，其息什之。三月，吴楚平，一岁之中，则无盐氏之息什倍，用此富埒关中。"吴楚之乱时，打仗的贵族将军们要置办行头，可是很多封地都在长安以东的交战区，手上又没钱，所以就"赍贷子钱"，子，就是利息，也就是贷款，但是当时高利贷商人们都觉得战争结果未可预料，不敢出借，唯独一个无盐氏，以十倍的利息"捐千金贷款"。不久战乱平息，无盐氏靠着收取的这十倍利息，一下子就加入了长安富人之列。面对这样的高利率，贵族们事后仍然依数奉还，可见当时的信用市场已经相当发达了。

但东汉的货币繁荣并没有像人们期望的那样延续和发展下去。从东汉建立开始，豪强地主都乐于发展独特的"田庄经济"模式。他们占据大量的土地，然后建立封闭的庄园，整个庄园就是一个自成系统的小经济体，内部可以进行农、林、牧、渔、手工业各种劳动，除了盐之外，一切都可以自给自足，甚至兵器都可以自造；没有土地的农民和奴隶对地主有人身依附关系，既是劳动者，也充当私家武装；随着土地兼并规模越来越大，田庄甚至被建成封闭的城堡，地主豪强也逐渐转变成盘踞地方的武装势力。所以，虽然人口规模扩大了，但是政府实际收上来的货币越来越少，因为在大地主的庇护下，实际缴税的农民越来越少了，为此，汉灵帝时，不得不规定每亩地增加十个钱的土地税，但这也只是缓解财税困境的一时之策；另一方面，农业、手工业获得了巨大的成功，社会产品日益增多，但是商品经济的发展却越来越慢，庄园经济都是自成体系，一切出产和交易都可以在内部进行，独立的小经济圈割裂了整个帝国的经济，破坏了整个市场的生机。

东汉开国于王莽引发的乱局，建立在一片废墟之上，在建立后的195年间，取得了长足的进步，可与西汉比肩，它继承了西汉的五铢钱，将五铢钱的应用推广到了一个新的高度和广度。然而历东汉一朝，政治混乱，地方势力盘根错节，始终未能达到西汉的人口和耕地规模。它传奇性的自谶始，以谶终，汉灵帝时民间流传："侯非侯，王非王，千乘万骑上北邙。"北邙，东汉多葬公卿，指代墓地。果然，灵帝之后，合朝上下逃避兵祸，四处奔波，少帝登基六月即废，献帝受制于曹氏，被逼禅位，统一的大汉王朝终结，开始了三百年的动荡。

08　　　　　　　　　一半胡风似汉家

◇ ······················

　　东汉末年，汉灵帝驾崩之后天下大乱，由董卓东进洛阳开始，揭开了三国鼎立的历史大幕。

　　以三国故事为蓝本的《三国演义》在中国文学史上有着重要的地位，不仅其中的人物各成典型、如在眼前，书中演绎的时代大势、智术权谋更是让读者心潮澎湃、各有所悟。

　　但是这个混乱的时代并没有在作者"天下大势，合久必分，分久必合"的慨叹中以三家归晋结束，三国只是一个将近400年乱局的华丽开场，接下来的将是中国历史上最混乱、最动荡的时代，无数的风云人物纷纷挤上一个小小的舞台，不复《三国演义》中的谋略和战争美学，只有日复一日的征伐和目不暇接的政权交替。

　　东汉之后的历史可以大致分为三国、西晋、东晋与十六国、南北朝四个时期。三国是曹魏、孙吴、刘汉三个政权的鼎立之局，以司马炎灭吴终结；西晋，自武帝司马炎受魏禅始，至晋愍帝死于匈奴终，外有少数民族政权迭起，内有宗室、藩镇之乱，始终伴随着大动荡，政权仅维持了不足54年，亡于前赵；西晋之后，皇室司马睿南迁，建都建康（今南京），称为东晋，共计十一帝102年；东晋偏安南方，北方有匈奴、鲜卑、氐、羌、羯等少数民族先后统治，从晋惠帝永兴元年（304）起，到北魏太延五年（439）一统，136年间，先后建有十六国；南北朝从刘裕建宋取代东晋开始，至隋文帝时灭南陈终，南方先后有宋、齐、梁、陈四朝，北方则经历北魏、东魏、西魏、北齐、北周五个政权，南北对峙160余年。

三国两晋南北朝上承两汉，下接隋唐，接近400年的时间里，除了晋武帝时二十年的短暂统一，基本处于政治和经济的混乱之中。这400年的历史，改变了两汉之后的发展轨迹，对货币的进化发展有着重要的影响。

当时，北方的中原地区是全国的政治经济中心，是大军阀势力争权的角力场，主要少数民族势力也多在北方，地主阶级内部的斗争、民族之间的斗争，多在北方展开，所以战争对北方的经济损毁严重，从东汉到西晋，人口下降了近2/3，"寇乱实繁，农商失业"。人口的减少、生产的下降，能够供应出来的剩余产品自然不多，商品经济随之萎缩，也降低了市场的货币需求。

除了战争破坏，庄园经济也阻碍了商品经济的发展。东汉的庄园经济到这时已相当普遍，特别是东晋南迁之后，士族大家纷纷圈地，建立家族私属的封闭经济体。因为土地、劳动力、生产工具等生产要素的集中，田庄的生产力也有了一定的发展，但是这种模式"闭门成市"，基本不依赖外部经济，不需要参与商品流通，极大地限制了商品经济的规模。大规模的土地兼并和对贫农、奴隶的束缚，挤压了自耕农经济的发展空间，经济形势趋向单一化、集中化，自然经济色彩浓厚，商业萎靡，货币的流通职能受到很大的限制。

三国时期，东汉旧地一分为三，汉十三州，魏得其九，蜀得其一，吴得其三，在各自的地盘上三国都有自己的货币制度。

曹魏实际掌握的土地和人口最多，货币改革也最见成效。曹操掌权后，废除董卓的小钱，恢复五铢钱，但没有增发货币。到魏文帝曹丕时，开始发行五铢钱，但市场上实际以粮食、布帛等实物交易，钱币贬值，五铢钱的购买力有限，政府不得已宣布"罢五铢钱，使百姓以谷帛为市"。到其子明帝时，北方经济有了一定程度的恢复，魏国国力强盛，同时实物交易的弊端太大，明帝即位第三年，再次发行五铢钱，市场接受程度很好，物价也相对稳定。

董卓无文小钱

蜀汉先后发行过三种货币。刘备入蜀时，为改善财政状况，发行过一种"直（值）百五铢"，这种五铢钱较标准五铢钱大（重）

一倍，却值一百个五铢钱，政府利用价值上的差异，大肆榨取民间财富，"数月之间，府库充实"，实质上是变相收取了高额货币税。直百五铢名义价值与实际价值相差太大，不可能长期使用，在蜀汉政权稳固之后，又发行过一种五铢钱，称为"蜀五铢"，重量约是标准五铢

蜀汉直百五铢

钱的一半。到蜀汉后期，频繁的战争消耗太大，经济形势每况愈下，政府又发行过一些"小钱"，重量不一，约是五铢钱的1/10~1/2，这时的蜀汉已经在内外崩溃的边缘挣扎了。

　　孙吴的势力主要在南方，当时，南方已经有了一定程度的开发，也没有北方那样频繁而持久的战乱经历，北方移民南迁补充了大量劳动力，加上南方优越的自然条件、便利的水陆交通，这一地区经济发展迅速，商业繁荣，货币经济表现活跃。因此，孙吴的货币除了谷帛之外，铜钱类型繁杂，以本国发行的"大泉"为主，包括汉五铢钱，还有各种变相的减重五铢、无字铜钱、各种小钱、蜀国直百五铢、蜀五铢，甚至王莽时代的大泉、货泉、布泉，不一而足。相比蜀国的直百五铢，吴国的大泉在币值上有过之而无不及，从"大泉五百"到"大泉两千""大泉五千"，由于这种大泉贬值极大，名大而实小，百姓都不愿意使用。吕蒙袭定荆州后，"赐钱一亿"，然而按照这种大泉来算的话，"钱既太贵，但有空名"。发行十年之后，这种大泉通胀愈演愈烈，被迫由政府回收，民间依然使用五铢钱为主的各种杂钱。

　　五胡十六国政权都很短暂，而且伴随每个政权的都是一系列战争，其主战场从关中到山东，是汉时经济最发达、人口最稠密的区

域。受战争的影响，整个北方人口锐减、生产凋敝，但在某些少数民族势力占据绝对优势时，也会出于稳定经济或者聚敛财富的需要，发行本政权的货币。后赵石勒统一北方后，发行过"丰货"，试图取代布帛，但没有成功，在流通中被实物货币挤出了流通领域。大夏的赫连勃勃曾经发行过"大夏真兴"，但这个政权不得人心，旋即覆灭。成汉的李氏王朝在其昭文帝汉兴年间发行过一种"汉兴"钱，这是历史上第一种年号钱。十六国的货币发行不多，就发行的数种来说，流通范围小、时间短，影响有限。

后赵石勒政权发行的"丰货"

北朝时相对安定，经济缓慢恢复，货币发行也较十六国时多，多是对五铢钱或王莽大泉的改革，货币同样也是贬值发行，名义价值远大于实际价值。所以这一时期，相对于十六国并没有太大改变，铜钱的接受程度不如实物的谷帛高，政府新发钱币被旧钱和劣质钱币排挤。

相对于北方经济的严重破坏，南方从司马睿建立东晋到宋、齐、梁、陈四朝两百多年间，外部环境相对稳定，经济繁荣，货币应用也较活跃。但南朝的主要货币问题是，政府财力不足，开采的铜有限，铸造的铜钱不能满足市场需求。铜钱稀缺，导致钱贵物贱的现象，极大地损害了劳动者的利益和生产积极性。缺少铜钱的另一个后果就是市场上劣币充斥，因为铜钱的接受弹性很大，"民间钱多剪凿，鲜复完者"，投机者纷纷剪、凿十足的好钱，然后将不足值的铜钱用于流通，此外，标准的五铢钱价值大，民间就铸造了各种劣质的小钱，小到"十万一掬，入水不沉"的地步。当时还流行一种名为"除陌钱"的交易方式，陌即百，除陌即不足百，因为铜钱稀少，在交易中往往不足一百钱按一百钱结算，到后来，甚至到了三十五钱计作百钱的程度。政府也多铸造不足值的货币，而且往往规定名义价值大于实际价值，加重了货币市场的混乱。

总的来说，魏晋南北朝伴随着经济的破坏，货币的发展事实上是在退步的，表现出了显著的时代性。

首先是杂乱无章，政权更迭太快，各个政权发行的不同形制的货币充斥市场，无一统属；割据各地的军阀势力大多财力有限，铸币不足，所以新旧货币混杂，本地与外地货币跨区域使用，更是加重了货币系统的复杂性。各种货币交互使用，导致了物价的混乱，货币之间相互的比价也不统一，各地的小市场上都有所差异。

铜钱的重量下降，钱币面值细化。五铢钱在两汉期间重量和币制都比较稳定，到了东汉末年，政府财力不足，开始减重，名为"五铢"，实际含铜量约只有原来的3/4。三国之后，剪、凿投机行为流行，币值也越分越细，出现了鹅眼钱、鸡眼钱、菜籽钱等极细的"细钱"。五铢钱本来是两汉最小的货币单位，但这时在货币体系中地位上升，一枚五铢钱可以值小钱二到四枚，值细钱十到二十枚。政府也往往发行减重、不足值的钱币，或者即便有些政权希望整顿货币局面、不计成本足值发行高质量铜钱，发行后也往往被私人盗剪，融铸成小面额货币，赚取其中含铜量的差额，政府也只好依照市场现状，发行减重的货币。

铜钱地位下降，实物行使货币功能。由于频繁的战乱和政权交替，铜钱价值波动较大，而生产下降，商品减少，在推高物价的同时还导致了有钱难买货的现象，所以铜钱在交易中的地位一落千丈，人们更愿意使用价值较稳定、具有实用性的实物交易，主要流行的是布帛，还有部分使用盐、米和铁。政府对布帛的尺寸有定量的标准，一如钱货，而铜钱甚至经常停止流通。董卓占据洛阳之后发行"小钱"，扰乱了物价，百姓都不愿用钱而用布帛交易，持续到魏文帝时，甚至不得不宣布停止使用钱币。而南北朝历时最久的北魏，在建国后，"魏初至于太和，钱货无所周流，高祖始诏天下用钱焉"。（《魏书·食货志》）三国至南北朝，政府发行铜钱的次数很少，数量也远低于秦汉，甚至大墓葬中随葬的铜钱也不及秦汉时，政府课税也由两汉的铜钱改为布帛。这些现象都表明了当时铜钱的市场需求和经济地位的显著下降。

政府税收实物化。《隋书·食货志》记载，东晋南迁之后，"其课，丁男调布绢各二丈，丝三两，绵八两，禄绢八尺，禄绵三两二分，租米五石，禄米二石。丁女并半之。男女年十六岁已上至六十，为丁"。"其田，亩税米二斗"。田赋和人头税完全以实物计算。

大夏的赫连勃勃曾经招工匠制兵器，制成后，弓箭能射穿铠甲，就斩制铠甲的工人；如不能射穿，就斩制弓的人，前后竟杀了数千工匠，用弓箭射铠甲，或射穿或不射穿，两个工人中都必有一死。这个故事与当时的货币现象类似，你接受某种铜钱，可铜钱五花八门，杂乱不一，在北方还可能买不到东西，而且贬值又快，说不定哪天就分文不值了；不接受铜钱，利用实物交易，一来笨重，二来衡量价格的方式又落后，甚至为了表示一个小面额的支付，要把一匹布剪成巴掌大的小块，而且市场信用崩溃，谷中掺沙掺石，绢帛越织越薄，交易损失太大，效率太低。

　　大环境的特殊化，导致了货币功能的混乱和缺失，百姓在交易中没有更优的选择，陷入了"不是制弓就是制甲"的困境，必然受到损失，得到的报酬与付出劳动极不对等，富者愈富，贫者愈贫，势大者愈广其地，无产者遂亡其家，这也是千百年来文人哀叹乱世的原因！

09　通宝开元真盛世

◇ ······················

　　清人褚人获著有《隋唐演义》，不同于《说唐》浓重的"江湖草莽"气息，这本书是典型的书生之作，气势不足，绮丽有余。书中用了很大篇幅描写隋炀帝的奢侈风气，以炀帝与诸多姬妾的生活为中心，详详细细地刻画了一个热爱旅游的浪荡皇帝，写得颇有情趣。书中大部分情节纯属虚构，但炀帝在在皆是的大手笔却是可以见于诸典籍的。不同于汉初"自天子不能具钧驷，而将相或乘牛车"的尴尬，隋炀帝所有奢靡的想法都能变成现实，因为他的国家具备这样的实力。历史上，在经历了魏晋南北朝数百年乱局之后，隋初开国蔚然有盛朝之观，是由西汉为中心的时代转向以盛唐为中心的一个关键转折点。

　　南北朝后期，鲜卑人宇文氏建立的北周逐渐统一了北方，六传之后，政权被汉人杨坚篡夺。公元581年，杨坚建立隋朝，定都长安，年号开皇，世称隋文帝。建隋后，杨坚先后消灭了盘踞地方的北周拥护者，并于开皇九年（589）平定南陈，统一全国，结束了近400年的分裂局面。

隋朝基本沿袭北朝旧制，虽然汉族重新占据主导地位，但习俗、宗教、官制、世家望族、社会关系，还是很有少数民族政权的遗风。隋朝前期政治清明，社会稳定，经济恢复发展很快，"开皇十七年，户口滋盛，中外仓库，无不盈积，所有赍给，不逾经费，京司帑屋既充，积于廊庑之下，高祖遂停此年正赋，以赐黎元"，"时百姓承平日久，虽数遭水旱，而户口岁增"。政府不缺钱而停征赋税，即便有自然灾害，人口依然稳步增长，隋初的发展状况，从这两点就可见一斑。

这是东汉之后第一次长时间的稳定繁荣，扫清了三国两晋南北朝多年的积弊，政治得以统一，生产得以发展，民力得以恢复，延续了汉朝社会进步的大趋势，开创了"隋唐盛世"的历史新局面。在货币上，隋唐作为古代经济发展的一个时代高峰，货币制度大有创革，对后世影响很大。

隋建立前，政治局面已经相对平稳，经济恢复较快，工商业也迅速繁荣，但货币体系很不规范，"周、齐所铸钱凡四等，及民间私钱，名品甚众，轻重不等"，从汉魏到北朝，从官钱到私钱，混乱不一。为了统一币制，隋文帝开皇元年，宣布发行"开皇五铢"。开皇五铢法定标准是1000钱为一贯，一贯重四斤二两，文字上"五"字左边有一竖笔，后来隋炀帝失政，民间纷纷附会，说"五"加一竖形似"凶"字，这是天要灭隋的先兆。开皇五铢发行后，为了防止民间积习难改、仍然使用旧币，政府决定强力推行，在各个关口放置一百枚开皇五铢，让百姓拿身上的钱来比对，不合标准的予以没收重铸。到开皇五年，这种五铢钱已经成了主导货币，"自是钱货始一，所在流布，百姓便之"。自东汉末年开始的货币混乱局面终于结束。

开皇五铢

统一后，隋炀帝有限度地放开铸币权，允许地方藩王铸造，特别是在南方的益州、鄂州、扬州等发达的商业城市，这样，开皇五铢在刚统一的南方确立了影响。

但是开皇五铢本身也存在着问题。以两汉的五铢钱为标准，东汉之后钱币重量不断减轻，甚至降到1/2、1/4的程度。开皇五铢也继承了多年钱币减重的风气，一枚铜钱只略重于标准五铢的1/2。而且隋代改革了度量衡，以旧制三斤合为一斤，规定一贯铜钱重四斤二两，事实上大大降低了重量标准，不足应重的2/5。铜钱名义价值与实际价值的脱离，为市场交易制造了诸多不便，不利于商品流通。

文帝之后，炀帝继位。炀帝在登基之前，封为晋王，曾在扬州开炉铸币，他铸造的铜钱，掺杂了不少铅、锡，所以颜色比开皇五铢白，民间称为"白钱"。白钱与开皇五铢等重，一样流通。到了炀帝后期，侈靡之风日炽，大修大建，三征高丽，劳师无功，政治上极度腐败，百姓不堪重负，纷纷起义，生产衰退，五铢钱维持的稳定货币秩序又被破坏，官钱减重，私铸劣钱，物价高涨，这些现象一直延续到隋朝灭亡。

隋与秦类似，接收前人的政治遗产，结束长久的混乱，建立统一国家，然后清除遗弊，革新制度，为持久的繁荣奠定基础。但这两个朝代的统治者都没能完全从之前的混乱中跳脱出来，不能成就一个治世，所以辉煌都只是短暂的，他们的功绩就是作为新的统一王朝的各种创革，为后世的王朝留下了繁荣的根基。

唐代的建立者是故隋贵族，建立后也基本延续了隋代的制度，从中央到地方的管理体系，从田地制度到法律条文，虽然有些突破，本质上却仍是继承。但在货币制度上，唐朝并没有与隋朝同步，甚至取消了流行数个世纪的五铢钱，确立了新的货币标准。

唐高祖李渊称帝以后，市场上仍然是各个年代的五铢钱、民间私铸小钱并用的混乱局面，给市场交易造成极大不便。高祖武德四年

开元通宝

（621），废五铢钱，始发"开元通宝"，开元有"开新纪元"的意思，通宝则是"通行宝货"之称。钱文"开元通宝"四字由大书法家欧阳询所书，字体庄重大气，为后世钱文楷模。"开元通宝"一定程度上改变了秦汉之后的铜钱体例，为我国钱币史注入了新的风气。

从秦朝半两钱开始，我国的铜钱一直是计重的铢两货币，半两、五铢、四铢……钱币按照含铜量由国家统一确定价值，但是每当动乱或者政府无力监管的时候，这种按照铸币材料多少计价的方

式就显露了其弊端。各种减重的货币充斥市场，名义重量与实际重量不符，流通的足值货币极少，各种不足值货币扰乱价格体系，造成物价的波动。而开元通宝的发行，不以材料重量计价，而是统一钱币价值，将货币都纳入统一的信用之中，解决了钱币不足值的难题。从此，我国的铜钱结束了铢两计重时代，进入宝文制时代。

开元通宝法定"积十文重一两"，每枚钱的实际重量大致恢复到西汉五铢钱的标准，这个重量被历史反复证明是最符合商品经济发展实际的，"议者以新钱轻重大小最为折衷，远近甚便之"。而"铢"不再为货币计重之后，这个沿用多年的计重单位也渐渐被"钱"取代，十钱重一两，刚好是一枚通宝的重量。"钱"的重量概念到现在还在农村地区时有使用。

开元通宝之前的铜钱，都是直接从矿地采集的原铜铸造，成色不一。到了开元通宝，开始对铜钱的金属比例有了明确规定，铜钱的实际价值开始趋同，这也是铜钱铸造史上的一个创举。

开元通宝的发行和流通非常成功，市场接受度极高。由于钱币铸造精良，币值稳定，在太宗"贞观之治"时，物产充盈，商品丰富，常有一斗米只卖三四个钱的现象。

唐朝除了开元通宝之外，后世的皇帝也发行过一些其他的货币。

唐高宗乾封年间，因为屡次兴兵，财政困难，政府于乾封元年（666）发行"乾封泉宝"。乾封泉宝比开元通宝增重1/10，一枚却值后者十枚，政府希望通过发行这样的"高价"铜钱聚敛财富，纾解财政压

乾封泉宝

力。结果乾封泉宝发行后引起物价飞涨，舆论哗然，百姓拒绝使用，高宗在乾封二年被迫下令废止。乾封泉宝是以年号命名的，是唐朝最早的年号钱。

唐肃宗在"安史之乱"中曾发行过数种"乾元重宝"，都是战时经济的产物。乾元元年（758）发行的"乾元重宝"约是开元通宝的1.5倍重，却值十个开元钱，号称"当十钱"；其后的乾元二年，又发行一种增重一倍的"乾元重宝"钱，规定这种实际重量为三枚开元钱的"乾元重宝"价值五十枚开元钱，号称"当五十"，这种钱外郭上有两道圆圈，因此又称"五十重轮大钱"。"当十"和"当五十"两种大钱，事实上是使货币贬值，所以推出后引起物价飞涨，民间反对声极大。肃宗后来将"当五十"的大钱改为"当三十"，后来更改成以一当三，最后被迫放弃定价，允许大小钱自由流通，直到市场将大钱逐渐淘汰。

"安史之乱"中叛将史思明占据洛阳后僭称大燕皇帝，发行了"得一元宝"，规定值一百枚开元钱。后来以为"得一"两字不吉利，改铸为"顺天元宝"。这两种元宝都是战时货币，发行时间短、数量少，特别是"得一元宝"，传世极少，有"顺天易得，得一难求"之说，都是货币收藏中的珍稀品种。

唐武宗会昌五年（845），铸造发行"会昌开元"。当时继承了南北朝以来的习气，佛教极盛，各地大建佛寺，不仅占用了土地，养活了许多不事生产和税收的僧人，还聚集了大量的铜来建造佛像和寺庙。会昌五年，武宗为了解决财政问题，下令废止各地寺庙4600所，勒令数十万僧人还俗，将寺庙中的佛像铜器熔融铸钱。这种钱正面是"开元通宝"字样，背面另有文字，依据铸地不同，分别是各州的州名，共计二十多种，被称为"会昌开元"。武宗之后宣宗继位，一改"灭佛"为"崇佛"，下令复建各地佛寺。许多佛教信徒认为"会昌开元"本来是佛像熔铸，又纷纷收集"会昌开元"钱，重新铸成佛像，所以会昌开元流传后世的极少。

唐朝统治者还先后发行过一些铜钱，如代宗大历年间（766—779）的"大历元宝"、德宗建中年间（780—783）的"建中通宝"，懿宗咸通年间（860—873）的"咸通玄宝"，但都不脱上述几种货币的范畴，影响也不大，仍是以"开元通宝"钱为模板和主流。

唐代是我国封建社会统治时间最久的王朝，创造了辉煌的历史，"开元通宝"在整个大唐时期作为强势货币，在维护市场繁荣、物价稳定中扮演着重要的角色，也改善了之前历代钱轻价高、名实不符的现象，肯定了铜钱的"通宝"地位。开元钱虽然在唐亡后就不再发行，但在民间依然沿用，一直到400多年后的明代才被政府明令禁止，不过禁行不止，甚至在清代的交易中也还可以见到开元通宝的使用，显示了这个强盛王朝自铸铜钱的强大生命力！

10　山河破碎风飘絮

◇··················

繁荣的大唐经历了"安史之乱"后一蹶不振，再不复贞观到开元之间的盛世局面。大宝传到僖宗时，皇帝年幼，大臣争权，出现了"九流浊乱，时多朋党，小人才胜，君子道消"的衰相，这个时候唐朝的统治已经相当虚弱，而压垮这头大骆驼的最后一根稻草马上就出现了。

僖宗乾符年间，接连几年出现了大饥荒，黄河以南尤为严重。饥饿的百姓纷纷投身造反，当时力量最强大的是王仙芝和黄巢领导的起义军，转战南北，聚众十余万，屡败官兵。其后王仙芝战死，起义军归于黄巢一人领导，黄巢号"冲天大将军"，他领兵连陷州郡，地方节度使拥兵自保，镇压无力。起义军南北纵横，驰骋中原，在进攻军事要地潼关的时候，朝廷征派了十万禁军部队驻守，禁军本来是国家最精锐的部队，由皇帝直接统辖，但当时的禁军已经沦落为长安豪富子弟的游戏场，只享受着高薪和荣誉，完全不懂打仗。派驻前线的命令下达后，豪富之家"父子聚哭，惮于出征"，最后还是各自出钱，雇佣穷人家子弟去顶替才算完事，而这些穷人子弟没当过兵，没经过训练，上了战场之后胜负就可想而知了。潼关为首都长安的门户，禁军为天子亲兵，竟到如此地步，大唐帝国犹如一个临死的巨人，已经衰朽到骨子里了。

狼烟四起，中央政府又腐败积弱，在抵抗外族侵略和平定国内叛乱的过程中，地方军事势力开始崛起。黄巢起义被镇压后，藩镇坐大，改变了唐朝的政治生态。地方的节度使拥兵自重，不再臣服中央，终于在黄巢被镇压二十三年后，即907年，宣武节度使朱温灭唐建梁，定都开封，唐王朝正式结束，开启了五代十国的军事"寡头"时代。

从朱温建梁开始，中原地区先后出现了后梁、后唐、后晋、后汉、后周五个政权的更替；南方在地方军事长官或地方政权的实际掌权者操作下，出现了几乎十国并立的局面。五代十国形似南北朝，所不同的是，北方的政权除了内部斗争，外部始终面临强大契丹族的入侵，后晋石敬瑭甚至拜小他11岁的契丹皇帝为父，并割让作为中原门户的"幽云十六州"，以换取契丹的军事支持。自始至终，北方都没有实现完全统一，更无暇南顾，所以以长江为限，南北相对平静。南方也不同于东晋和南朝时的统一状况，而是分散成了更小的政权，谁也没有力量完成区域的统一。

与南北朝相似的是，这一时期南方战争相对较少，同时北方人民为了逃避战祸，不断南迁，带去了先进的生产技术和大量劳动力，为南方提供了发展生产的客观条件。另外，南方多数政权的前期统治者都采取休养生息、鼓励生产的政策，所以南方经济得以继续发展。农业和手工业的发展促进了商业的活跃，扬州、金陵、潭州、江陵、杭州、成都都是商业繁盛的城市，南方各国之间的贸易往来频繁，其发达程度超过北方都市。

　　但是南方都是割据一方的小政权，政府财力有限，铜的供给不足，所以发行的铜钱都是"一当十""一当百"甚至"当千""当万"的贬值大钱，或者铸造时掺杂大量铅、锡、铁等"贱金属"。出于政治考虑，所有政权都希望发行劣币，在与别国的交易中占据更大的优势。所以这一时期南北方都是贬值大钱、私钱、官铸劣钱、旧开元钱、谷帛并行的局面，货币系统无比杂乱。

　　五代占据的北方，受到战乱的破坏较大，政治上权力交替频繁，经济上生产衰败，社会动荡，物价波动较大，货币价值很不稳定。所以各政权基本还是沿用唐朝的旧钱，本身发行的货币不多。

　　朱温篡唐建梁后，铸"开平通宝"；李存勖灭梁，国号唐，定都洛阳，其后唐明宗李嗣源铸"天成元宝"；石敬瑭本是李嗣源女婿，李嗣源死后义子李从珂叛乱，石敬瑭借辽兵平叛，建晋，是为后晋高祖，铸有"天福元宝"；刘知远为石敬瑭部将，契丹主耶律德光灭晋后，刘知远称帝，建号汉，是为后汉高祖，铸有"汉元通宝"；刘知远死后，其子刘承佑继位，刘氏父子都无善政，国内矛盾尖锐，不久将军郭威回京夺权，于次年建国曰周，郭威死后，养子柴荣继位，称为周世宗，周世宗废除北方佛寺3336所，销毁佛像、钟磬

开平通宝

等铜器铸钱，所以后周铸造发行的铜钱是五代最多的。当时人们传说，后周的铜钱是用佛像熔铸的，佩戴在身上可以辟邪，所以后世还时有仿铸的情况发生。

十国之中，除了北汉是在今山西地区，其他九个政权都是在南方。相对来说，南方受战争破坏小，经济好于北方，也更稳定。十国的政权中有七个发行了自己的货币。

十国中南唐李氏王朝建都金陵（今南京），地域最广，人口最多，经济富庶，铸造的钱币数量也多。先后发行过"保大元宝""永通泉货""大唐通宝""开元通宝""唐国通宝"等。后唐二世、三世的李璟、李煜父子都是杰出的词人，但都不善治国，到李煜在位期间，政治腐败，经济凋敝，政府开始发行铁钱与铜钱并用。

大唐通宝

民间纷纷藏起铜钱，都用铁钱交易。外地的商人用廉价的铁钱换取铜钱，然后运输出境，政府被迫下诏，以铁钱十枚当铜钱一枚，限定铁钱的价值。

蜀地地域相对封闭，兵革不兴，民殷国富，号称天府之国，割据这里的政权发行的铜钱也相应较多。朱温称帝时，唐四川节度使王建建立"蜀国"，18年后其子为后唐所灭，是为前蜀。前蜀铸有"永平元宝""通正元宝""天汉元宝""光天元宝""乾德元宝""咸康元宝"等铜钱。后唐西川节度使孟知祥管辖四川，十年后称帝成都，二传之后降宋，是为后蜀。后蜀铸有"大蜀通宝""广政通宝"等钱币。

　　后梁时，封唐武安节度使马殷为楚王。后唐年间，马殷正式建国，建都长沙。马氏始终臣事中原王朝，使用中原王朝的年号。马殷始铸"天策府宝"，后行"乾封泉宝"钱，这两种都是铜、铁并行的大钱，而且是铁钱多铜钱少。据说马殷接受谋士建议，免收商税，吸引大量的商贾带着货物来湖南交易，交易完后由于楚钱多掺铅、铁，价贱无用，商人们又都换成楚国特产离去，这样一来促进了楚国贸易的繁荣，推动了生产的发展。

　　后梁时，刘龑称帝，国号大越，建都广州。翌年改国号为汉，史称南汉。南汉刘氏在广州铸造过"乾亨通宝""乾亨重宝""大有元宝"的铜、铁、铅年号钱。

　　后唐时，闽王王延钧称帝，国号大闽，建都福州。大闽建政前后几代，发行过"开元通宝"的铜、铁、铅质钱，之后还发行过"永隆通宝"和"天德通宝"铁钱。

　　五代十国之外，割据幽州的刘仁恭、刘守光父子发行过"永安一百""永安五百""永安一千"铜、铁钱，还有"应圣元宝"当十钱、"乾圣元宝"当百钱、"应天元宝"当万钱。刘氏父子贪婪无度，将境内搜刮的铜钱和金银埋藏在山洞内，随即为防泄密杀死了全部工

永安一百

匠。还在幽州境内用黏土做钱，强制百姓使用。刘仁恭先称燕王，后被刘守光囚禁，刘守光称大燕皇帝，旋为李存勖所败，斩于太原。

　　五代十国各政权钱币不同、同一政权不同时期钱币不同，加上

各国之间商贾贸易、钱币流通、实物当钱、旧钱杂用、劣币充斥，当时整个中国的货币体系极其混乱，市场贸易也无所适从。

此外，这一时期的货币使用还有一个很大的限制因素。从唐朝开始，开元钱使用多年，流通无碍，但是随着社会的发展，铜钱需求的扩大，与之相对应的却是政府的衰败，无力支持整个社会的货币需求，所以从唐末开始，流通的现钱缺乏。市场上又流行起"省陌钱"，交易者默认不足一百钱的可以当作一百钱使用，后来甚至政府直接下诏："并须以八十五文为陌，不得更有改移。"规定以八十五钱当一百钱使用，但情况似乎比政府预期的更严重："坊市之中，多以八十为陌。"

五代十国的钱制继承唐朝，虽然也多有发行，但民间流通的大部分还是唐朝旧钱，现钱缺乏的情形也没有好转。而且铜钱缺乏，铜器也相应地贵重起来，导致"富室分外收贮现钱，又工人销铸为铜器"，富户人家收集铜钱熔铸成铜器转卖，这样一来，流通的铜钱就更少了。《旧五代史·食货志》记载："三月，知唐州晏驸安奏，'市肆间点检钱帛，内有锡镴小钱，拣得不少，皆是江南纲商挟带而来'。"江南商贾挟带劣钱，用不值钱的铅锡钱来换取后唐的货物和青铜钱，导致缺乏现钱的区域现钱更少。事实上，除了后唐，各个政权都面临着这样的困境。

各国也都采取了相应的措施，如法定铜器价格，压低铜器的高利润，后来又禁止私铸铜器，铜镜等物由官方统一制造，百姓可作为经销商转卖。后晋开放了铸币权，"无问公私，应有铜者并许铸钱"，并许私人开矿炼铜，铸造铜钱，不收赋税，但规定了铸钱"十钱重一两"，且"不得入铅并铁"，必须保证铸币的质量。还有在价值上做文章："铸造新钱，或以一当十，或一当三十，或一当五十。"将现行钱币的价值放大，以解决供应问题。

　　但是这些做法全都失败了，分裂政府既无力满足市场需求，更无力监管市场行为、维护市场秩序，而在政治和经济都不稳定的乱世，民间会有更多的机会和动机来维护个人的利益，这样的冲突势必导致整个社会更大的混乱。这也是对这一历史时期最现实而又矛盾的解释！

11 终信文章胜甲兵

◇ ·················

　　冯梦龙的《智囊》中记有一则"以愚困智"的趣事。说宋初的时候，宋太祖赵匡胤还没有统一全国。割据江南的南唐朝廷有三位学识渊深的学者，号称"三徐"，名扬天下，其中以徐铉为最。有一次，南唐准备派徐铉去大宋纳贡，照例宋朝该派一名臣子陪同押运，但大宋朝臣都觉得口才不如徐铉，不敢应选，宰相也头疼无人能与徐铉相当。询问宋太祖，太祖想了一会儿，让人在殿前侍卫里挑十个不识字的，然后在其中随便点了一个，说："这个人可以！"满朝震惊，宰相不敢再问，就派了那个不识字的侍卫南去。那侍卫也不知道怎么回事，糊里糊涂地就去了。到了南唐，徐铉就发起了语言攻势，词锋如云，精妙深微，旁观的众人都给听懵了，然后大家都等着大宋的使者来驳辩，可那侍卫字都不认识，徐铉说的什么根本不懂，只是唯唯诺诺地应付，徐铉不知道怎么回事啊，一副好口才也没过着瘾，又拉着那人继续辩论。一连数天，只有徐铉说，那人始终不开口，徐铉也累了，只好闭口不言。

冯梦龙这一卷开卷的评语为："一操一纵，度越意表，寻常所惊，豪杰所了。"宋太祖轻松打败天下最有才华的人，无招胜有招，确实当得起这十六个字。而我们从这则故事至少也可以看出一些其他的信息。南唐与大宋并立南北，却要向大宋进贡；而太祖对付徐铉之策可以说有大智慧，更多的是对对方的轻视。这反映了宋太祖建立宋朝之后的政治格局，虽然没有统一，但北宋实力强于南方，已经有了统一南北的征兆。

事实上，北宋的统一战争一直持续了19年，到第二代的宋太宗灭北汉才告终结。但北宋继承了北周郭氏、柴氏两朝奠定的基础，在太祖、太宗手中又得以扩张，已经具备了绝对的优势，尤其是在征服了从西蜀到江南的数个政权之后，富庶的南方大大地提升了北宋的经济实力。在完成统一前后，北宋迎来了一个快速发展期，数代之间一扫五代十国的积弊，迎来了惊人的繁荣。

北宋开国时的财政与货币政策是跟随五代十国、特别是后来的北周，一袭唐制。但这种制度的弊端就是方镇坐大，中央日削，"方镇握重兵，皆留财赋自赡，其上供殊鲜。五代疆境逼蹙，藩镇益强"。宋太祖上位后开始着手整治，"修建法程，示之以渐"，用渐进的改革来改变这种情况。六年之后，宋太祖"始诏诸州支度经费外，凡金帛悉送阙下，毋或占留"，规定地方在留下必要的开支之后，财货全部送交中央。为了让政策得到更好的贯彻执行，宋太祖派遣官吏去地方坐镇检查；各州设通判官，专门监督地方账务；掌库的官吏三年一换；商业税、土地税、盐酒等政府专营进项，由通判、地方军事长官、地方行政长官三方共同监察，按月送中央财政部门；还鼓励民间监督，规定有人能告发官员罔顾新法的，赏钱三十万。

这些措施的核心是"强干弱枝"，要打造一个强大的集权中央，弱化地方的各项职能。宋太祖的政治、经济、军事改革基本都是沿着这个方向，所以不久之后，北宋就一改旧制，"聚兵京师，外州无留财，天下支用悉出三司"。

这一系列改革的最大成果就是创造了一个稳定的发展环境，同时，政府有了更大的经济调控权，能够制定更全局性的措施推动生产发展，如真宗年间"真宗嗣位，诏三司经度茶、盐、酒税以充岁用，勿增赋敛，以困黎元"。改革了税收结构，实质上是减轻了农民的负担。所以北宋生产得以快速发展，农业和手工业取得了长足的进步，户口增加，甚至超过盛唐时候。从财政收入就可以看出北宋前期的经济状况，太宗至道末年（997），"天下总入缗钱二千二百二十四万五千八百"，下一代的真宗天禧末年（1021），"天下总入一万五千八十五万一百"，到又下一代的仁宗皇祐元年（1049），更是迅速攀升至"一亿二千六百二十五万一千九百六十四"。"缗钱"是一千枚铜钱串成一串，也就是说，这些数据乘以一千就是岁入折成的铜钱数量，这三代皇帝财税状况的涨幅还是很惊人的。

与之相适应的，是生产发展之后的商业繁荣。北宋在商业方面的一大创举，就是放开了交易市场的规模管制。在宋之前，我国的商业活动只能在大城市指定的商业区"市"中进行，"市"四面围墙，由政府统一管理，有准入和时间限制，不允许在"市"之外流动贩卖。到了北宋，商品供应极其丰富，城市繁荣，城市人口增长较快，需求也相应增大，原先指定的"市"，已经不能满足人们的交易需求。于是政府放开限制，允许人们自由贸易、流动买卖，对交易时间也不做规定。很快，市场的繁荣冲破了城市的限制，在大城市之外，"草市""镇市""墟市"都开始流行起来，从大城市郊区远及村镇聚落，都有了商业的集市点。

繁荣的商品经济，促进了宋朝货币制度的发展，独特的政治、经济条件，也赋予了两宋的货币制度显著的特性。

首先是铸钱数量的增长。宋代的铸钱数量比之历代都有提高，甚至比繁盛的大唐王朝也高出许多倍，宋神宗元丰年间（1078—1085），铸币达到过铜钱、铁钱合计620万贯的峰值，这个数量不仅"前不见古人"，还"后不见来者"，历经元、明、清诸代，纪录都没被打破。大宋政府有相应的实力来集铜铸钱，所以整个宋代货币供应极其充足；其次是钱币的使用比重越来越大，实物的布帛等物在各时期都和钱币通用，但在宋朝开始退出了商品经济的等价物选项，还原到本身的使用价值属性；其三，宋朝政府有着高度的中央集权，但在货币使用上，全国却并不统一。当时全国有数百个钱币铸造机构，独立发行铜、铁钱，就区域来说，川蜀地区使用铁钱，陕西、河东地区是铜钱、铁钱并用，河北、河南、江南等地使用铜钱，到了南宋，江北都是金国土地，为了防止铜钱外流，江淮地区也改为使用铁钱；第四，两宋货币制度的最大特点就是纸币的发明与应用，特别是南宋时期，纸币制度已经相当完善，迅速演变到能和主流金属货币并用的程度，对当时及后世的货币制度有着深远的影响。此外，宋朝钱币多是年号钱，而两宋每一代皇帝在位时多次改动年号，每一次改动都会铸造新币，所以两宋市场上流通的钱币种类特别多，计年号钱有45种，还有"圣宋""皇宋""大宋"等国号钱，"通宝""重宝""珍宝"等二十余种通宝钱，货币体系有序而多样。

北宋前期，太祖赵匡胤没有发行年号钱，只发行过一种"宋元通宝"，这是宋朝第一种钱币。太宗铸有"太平通宝""淳化元宝""至道元宝"三种年号钱。值得一提的是，太宗年间，四川发生王小波、李顺起义，李顺占据成都称蜀王，发行过

宋元通宝

"应运通宝""应感通宝"的"应运"年号钱，起义五个月后就被镇压，但这是中国古代农民军最早发行的钱币。仁宗在位41年，用过十个年号，新币发行频繁，在他执政中期的庆历年间，由于西夏用兵，消耗巨大，发行过"康定元宝"和"庆历重宝"两种一当十的贬值钱，这是北宋第一次发行贬值货币。神宗元丰年间，曾有一年之内铸铜钱506万贯、铁钱114万贯的造钱纪录，日本都有仿造的"元丰通宝"钱。

徽宗崇宁年间（1102—1106），宰相蔡京掌权时发行过一种"崇宁通宝"当五、当十的贬值铜钱，由于贬值得太厉害，人民不满，商人为之罢市，拒用这种钱币。徽宗书法造诣很高，他发行的钱币上的钱文都是用他的"瘦金体"写就，书法美观，制作精美，在后世一直是受人追捧的艺术精品。

徽宗之子钦宗上位后，铸"靖康元宝"，但其在位仅一年，北宋就被雄踞北方的金国击溃，徽宗、钦宗二帝被俘，北宋灭亡。所以靖康

靖康元宝

元宝铸造有限，流传很少。

北宋灭亡同年，赵构于临安（今杭州）重建宋国，史称南宋，赵构即为宋高宗。南宋建立后和占据江北的金人多有战争，但总的来说还算稳定，与北宋开国一样，承平百年，经济恢复和发展也较快，有一首讽刺南宋统治阶级沉迷享乐、不思收复北国故地的诗写道："山外青山楼外楼，西湖歌舞几时休？暖风熏得游人醉，直把杭州作汴州。"从这里的描述可以看出，南宋的经济已相当繁荣。

货币上，南宋也基本延续了北宋的年号钱传统，只是略有改变。孝宗淳熙年间（1174—1189），废除钱文的篆书、楷书、草书等多种书法形式，统一为宋体字。在新铸的钱币上，除了有年号钱文，还会在背面铸上年份，如淳熙七年造钱，背面有个"柒"字，淳熙八年造钱，背面有个"捌"字，这种传统一直延续到南宋末期。到了南宋第六代的度宗咸淳年间（1265—1274），由于政府无力，钱币到咸淳八年就不再新铸，这也是南宋最后一种铜钱。

此外，南宋还有两种特殊的货币。高宗在南方建立政权后，战事吃紧，经济困难，铸造过铜、铅质地的"钱牌"，钱牌呈长方形，一面写有"临安府行用"，另一面标明面值"准××文省"，有一百文省、二百文省、三百文省、五百文省数种。铅牌价值较小，都是几十文面额。

钱牌

南宋大将刘光世铸造过一种"招纳信宝",有金、银、铜三种,实际是鎏金、鎏银材质。金国占领北方后,金营里有很多汉人,这些人心念南国,但害怕回南方后会被当成奸细。所以刘光世就铸造了"招纳信宝"钱,让人装成俘虏带去金营,分发给想回南朝的汉人,作为投降的信物,一路南行无碍。

两宋时期,商业发达,商业氛围空前浓厚,货币的概念进一步深入人心。金属货币制度继续发展完善,出现了我国封建时代铸钱用钱的时代高峰。从现在的视角来看,赵宋政治腐败、军事暗弱,但两朝文化昌盛、经济繁荣,虽然在民族关系中一直处于弱势,但就对后世的贡献来说,它的文化遗产、经济制度创革已足不朽!

12　乾坤半壁行一法

◇ ⋯⋯⋯⋯⋯

喜欢武侠小说的朋友，一定不会错过《天龙八部》。而阅读《天龙八部》，就一定不能错过精彩的少林寺大战。这一战除了了结各路主、配角的恩怨，在现实意义上，可以说是一场武术界的"奥林匹克"：群雄大多是汉人，萧峰是辽人，段誉是大理人，鸠摩智是吐蕃人，四大恶人是汉裔西夏人，还有那位国籍不明的悲剧高富帅慕容复，各国代表纷纷登场，热闹极了。

全书的一个绝对重点就是在萧峰的身份认同上，为什么他会一夜之间由感动大宋的大英雄变成人人喊打的罪人？就因为他可能是契丹人。那为什么人们对契丹人的容忍度这么低呢？同样是"外国友人"，为什么段誉这个角色就那么讨人喜欢？这一切还得追溯到契丹的起源和壮大。

契丹起于鲜卑，与慕容复的大燕同源。主要分布在辽河流域，以游牧为生，唐初，契丹形成了八个主要部落，各部落推举一人为"大人"（即首领）。唐初，又形成了八个部落的联盟首领机制，由八部大人推举一人为契丹首领，称为可汗。五代后梁时期，契丹族迭剌部杰出首领耶律阿保机被推举为八部可汗，其后又杀死其余七部大人，统一了契丹各部，并建立了奴隶制国家，国号大契丹（后改为大辽），阿保机自号天皇帝，年号神册。次年，耶律阿保机灭掉了毗邻的渤海国。阿保机死后，其子耶律德光继位，契丹开始介入中原纷争，灭后唐，兴后晋，占据幽云十六州。北宋前期，太祖、太宗数次征辽不利，和大辽处于军事僵持状态，至中后期，大辽开始占据军事优势，北宋被迫每年进贡，所以中原人民视契丹人为寇仇还是有理由的，萧峰也成了两国战争的牺牲品。

尽管大辽和大宋不太对付，但是在常年的战争和交往中，特别是在得到中原门户要冲的幽云十六州后，大辽迅速汉化，在210余年的时间里逐渐演变成了一个融合多民族、多种生产方式的封建国家。

大辽建立前是一个落后的游牧部落联盟，经济结构单一，商品经济不发达，交易仍然是使用实物货币，主要是牛羊等牲畜，直到建国后，官员的工资还是领取"俸羊"。大辽建立后，受到中原的影响，也开始使用金、银、铜钱和布帛充当货币。辽国最初的铜钱是由中原输入的，到辽太祖的父亲时，"以土产多铜，始铸钱"，这是大辽铸币的开始。

得到幽云十六州后，大辽的领土得到了很大的扩充。开始实行南北分治制度，设北官以辽制管理辽人，设南官以汉制管理汉人，这样，整个国家就很有特色地分成了游牧区和农耕区。先进的农耕区在辽国的管理下一片繁荣稳定，工商业发展迅速，对钱币流通也

存在着更大的需求，于是辽国专设
"五冶太师"，后又设立"钱院"管
理铸钱，先后发行"天显通宝""天
禄通宝""应历通宝"等年号钱，但
是发行数量不大，市场上缺钱的情
况没有彻底改善，现实的交易中还
有用麻布支付的情形。

天显通宝

辽的中后期，采取了进一步封
建化的措施，将奴隶平民化，调整了生产关系。宋辽"澶渊之盟"
之后，大宋每年向辽国输送岁银10万两、布帛20万匹，也缓解了
辽国的货币缺乏状况。而且"澶渊之盟"后，宋辽之间再无大的战
事，也给两国带来了一个相对平稳的发展期，大辽广阔的疆域内，
经济得到了空前的发展。这一时期铜钱铸造数量上有所增加，铜钱
的应用广度和深度也都有大的跨越，确立了铜钱的主要货币地位，
就社会主体而言，大辽已经进入了货币经济时代。

《天龙八部》中，西夏国有一个由大将军亲自带队的精英组织
"西夏一品堂"，搜罗了"四大恶人"这种顶尖高手，甚至还有化名
易容了的慕容复，这个组织在书中出现过数次，不论明枪暗箭，实
力不俗。一个国家如此注重延揽人才，而且活动范围都是在"国际
层面"，可见所谋不小。

西夏国为党项族所建，原是羌人一支，活动范围主要是四川到
甘肃一带，以游牧为生。唐初，党项在最强大的拓跋部带领下，先
后归附唐朝，唐朝皇帝赐拓跋氏李姓，封其为都督。五代时，党项
趁中原之乱，大肆扩充势力，以夏州为中心，割据一方。西夏在宋
辽之间采取灵活的外交政策，同时接受两边的封赐，但以大辽为
主，与宋国时有战争。宋仁宗时，西夏主李元昊称帝，宋庭不予承

认，双边关系急剧转冷。其后，元昊连年侵宋，北宋频败，被迫和好，西夏国内也为战争所苦，双方各自做出让步，元昊放弃帝号，对宋称臣，北宋每年向西夏输送金帛，双方开启互市，允许民间往来。

西夏地处西北，农业比重较小，但畜牧业发达。交易方式主要还是以牲畜为主的物物交易，也使用大宋输入的铜钱。西夏建立后，开始铸造自己的货币，其铸币仿照中原样式，有铜、铁两种材质，钱文也兼有汉字和西夏字两种，以汉字居多，都是年号钱，如"元德通宝""天盛元宝""乾祐元宝"等。不过西夏国内流通的铜钱仍然以宋钱为主，还有一些五铢钱和开元钱，可见其钱币发行数量有限，甚至在有些地区，支付和借贷还是以谷、帛的方式来完成。

《天龙八部》中，萧峰在东北雪林中打猎时，遇到了一位名为完颜阿骨打的好汉，随即结为兄弟。后来萧峰拒绝南侵被辽主囚禁时，完颜阿骨打还率部众救援，骁勇无比。

历史上的完颜阿骨打要伟大得多。他所在的女真族一直受到大辽的欺压，到阿骨打时，女真族完颜部崛起，具备了相当的实力，阿骨打作为完颜部首领，深受女真人拥戴。大辽天庆四年，即宋徽宗政和四年（1114），完颜阿骨打誓师抗辽，迅速占领了辽国大片国土。第二年，阿骨打称帝上京，国号金，同年，夺取大辽重镇黄龙府，大败天祚帝亲征兵马70万。1120年，宋金订立"海上之盟"，相约夹击大辽，1125年，金太宗擒天祚帝于大漠，辽遂亡。之后的大宋靖康元年，金兵大破汴京，虏大宋徽、钦二帝，北宋遂亡。

从女真部落的壮大到金国建立初期，金国的自然经济色彩浓厚，不论是族群内部交易，还是和别族的交易，都是以当地特产以物易物，"无市井，买卖不用钱，惟以物相贸易"，有钱人家礼聘往来也是"以牛羊为币"。

通过灭辽平宋的战争，金国占据了中国北方的大片领土，一跃而成地区内首屈一指的大国。由于在战争和占领中受到了先进的封建经济、文化的影响，金国的商业和货币制度也随之发生了改变，由原始的以物易物向货币经济演进。而金国在对辽、宋的战争中，每占领一个地方都进行全面的劫掠，"括金银帛粟，尽数以往，民间有隐者斩"，这样做的效果是惊人的，仅仅汴京一处，就搜刮到了"金三百万锭，银八百万锭"。绍兴七年（1137），金国废除刘豫的伪齐政权的时候，在齐国府库里接收了铜钱9870万贯、绢270万匹、黄金120万两、白银6000万两，这些巨额的金属货币为金人的货币经济化提供了充足的物质基础，加速了金人商品经济的进程。

金国建立五年后，开始在辽阳、渤海等地设立专职机构，征收商业税。之后又在黄龙府设立"钱帛司"管理货币财政，货币经济开始影响金国全境。但直到设立钱帛司，金国还是没有发行自己的货币，这时庞大的货币原始积累还能够满足人民的交易需求。

经过几十年的稳定发展，大金的经济渐趋繁荣，为了适应蓬勃的商品经济，政府开始铸造发行自己的货币。特别是金世宗在位期间，金国迎来了一个货币发展的高峰。

首先是纸钞的发行。与南宋的先发铜钱再发纸钞不同，金国所在的北方铜矿较少，又频受战乱破坏，原铜不足，所以采取了先发纸钞后发铜钱的方法。当时发行的纸钞有大钞和小钞两种，大钞从一贯到十贯（一贯为一千钱，约等于一两），小钞从一百文到七百文。金国的纸钞是模仿宋国的交子，最初只在黄河以南发行，目的是吸引南宋的铜钱，后来因为挟带方便、信用有保证，逐渐应用到了黄河以北的区域。

金国在发行纸钞后三年，设立了"宝源""宝丰""利用"三个钱监，负责发行自铸铜钱。先后铸造过"正隆通宝"和"大定通宝"，钱文书法美观，很多是仿照徽宗的瘦金体，大定通宝背面有"申""酉"的字样，这是中国最早的干支方孔钱。但是受制于原铜的缺乏，金国的铸币有限，铸币成本也很高。

除了铸钱，金国应对流通不足的另一个办法是吸引南宋铜钱入境。南宋富庶繁华，商品经济发达，铜钱充足，金国希望通过由南向北的外部输入，解决国内的缺钱问题。金国在边境地区使用自己发行的纸钞，换取南宋的铜钱；大量出口货物，如牲畜、盐、药材等；实行"省陌制"，以770文为一贯，吸引宋人到北方购买货物。同时，严禁铜钱出境，收缴民间铜器，由政府统一铸造贩卖。

金世宗的货币政策效果明显，金国的钱荒得到了缓解，金国进入了整个朝代最繁荣的时期。

金国后期政治腐败，社会黑暗，经济也有很大的下滑，和北方蒙古部落的战争，更是加剧了各种矛盾。政府为了搜刮钱财，滥发货币，官吏贪腐成风，所以很快就走向了衰亡。

取而代之的是北方草原上的蒙古族。在金庸的武侠世界里，这一时期的主角是生于蒙古的郭靖。铁木真统一蒙古各部，反抗金国的欺压，然后打败从前的宗主国，建立自己的统治，这与完颜阿骨打抗辽的故事如出一辙，所不同的是，蒙古族的铁骑在战争中表现得高效得多。1227年灭西夏，1234年灭金，1279年灭宋，向东到达日本，向西到达欧洲，到世祖忽必烈成立元朝时，蒙古已经是一个横跨欧亚的大帝国。

元代实行暴力高压统治。将全国人民分为四等，第一等是蒙古人，第二等是色目人，即西北、中亚到东欧各民族，第三等是汉人，即从大辽开始生活在北方非宋国政权下的汉族人，第四等是南人，即宋国汉人。汉人和南人等同奴隶，受到蒙古人的暴虐统治，汉人起义时有发生。据说元代杀了半数以上的汉人，最后杀不胜杀，元相伯颜竟奏请汉人中张、王、李、赵、刘五个大姓，无论违法与否，格杀勿论。

在这样的恐怖统治下，全国经济总体出现衰退，特别是北方地区，原先发达的封建经济在这一时期遭受了很大的破坏。但在衰败的总体形势下，商品经济又呈现出了一种结构性繁荣。

元代地域之广空前绝后，为了加强统治、输送四方物资，整个帝国修建了四通八达的道路，这为商业和城市的发展奠定了基础。农民为了缴纳沉重的赋税，不得不卖掉所有收获的物品，所以流通的商品在生产下降的前提下还略有反弹。而达官显贵聚居的京城大都等大城市，奢侈品消费相当发达，依托统治阶级的巨量财富，城市的商品经济非常繁荣。

元代的商品经济是少数人主导的商品经济，大多数人都陷入了贫困，这种结构性繁荣相当畸形。这一畸形经济的最主要影响就是把小面额的铜钱基本排除出了货币体系，取而代之的是纸钞和白银。

元代发行的铜钱数量不多，甚至还有过几次在短期内禁用和收缴铜钱的记录。在这种货币政策下，铜钱的使用量不多，价值也大大下降，民间所藏的铜钱或者卖给商人输出到国外，或者熔铸成铜器使用。这一时期，中国的铜钱大量流入日本，日本曾多次派人用黄金来中国换取铜钱。

与铜钱的衰落不同，白银的地位得到了加强。蒙古早在入主中原之前，受西域和中亚的影响使用银币，最初是西方式圆形银币，后来接近中原货币文化，又发行方孔银钱。征服南宋之后，蒙古丞相伯颜将搜检到的白银铸成船型，献给忽必烈，这就是后世所说的

"元宝"。从政府的赏赐到民间的买卖，白银越来越多地充当主要货币，开始取代铜钱的流通地位。

元朝货币最主要的特点就是纸钞应用的普遍化。成吉思汗晚期，蒙古人已经仿造宋金的货币制度发行纸钞，后世不断完善。建立了统一的帝国之后，元朝政府在境内强制推行不兑换纸币，政府发行的纸币不限区域，全国通用，以国家信用发行，不以金属货币为信用担保。元朝货币继承了在我国实行了将近300年的纸币流通经验，并建立了纯纸币的流通制度，对世界货币体系中纸币的应用有着巨大的现实意义。通过元朝广阔的疆域版图，我国的纸币制度也被传播到了亚欧大陆的很多地方，为世界经济和文化交流做出了贡献。

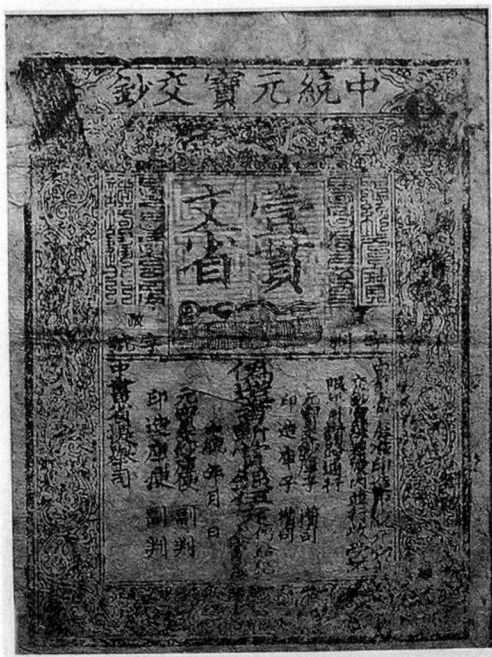

中统元宝交钞——中国现存的最早由官方正式印刷发行的纸币

元朝是铜钱作为货币发展演变的转折点，元朝之前，铜钱占据主流地位，影响着一国经济和政府的政策，人们对铜钱的需求甚至能左右战争；但在元朝之后的明清，白银成了主要的流通手段和价值尺度，铜钱退居次要货币。自此，中国的钱币史进入了最后的演变阶段，开始了封建王朝鼎盛和末日夹杂的狂欢！

13　白银宫阙瞻巍巍

◇ ·········

　　单口大王刘宝瑞先生有一段著名的"珍珠翡翠白玉汤",是相声界的经典曲目。这个段子说的是年轻时的朱元璋打了败仗,饿晕在逃命途中,住在破庙的两个穷乞丐救了他,两人给朱元璋吃了碗东西,朱先生吃完觉得真是绝世美味,舌头都差点咬掉了,走时还特意问吃的什么,两个乞丐幽默地说:"这叫珍珠翡翠白玉汤!"

　　后来朱元璋当了皇帝,也忘记了俩乞丐的一饭之恩。当了皇帝之后每天吃饭都珍馐美味换着花样来,开始还好,吃久了也腻。洪武皇帝寻思啊,这世上还有啥好吃的?偶然地就回忆起以前在破庙吃过的"珍珠翡翠白玉汤",想得口水都流出来了,觉得这辈子要是不能再吃一碗简直就白活了!

　　于是,洪武皇帝在全国发布布告,宣称对能做"珍珠翡翠白玉汤"的人加官晋爵，大大地封赏。布告一贴出去，两个乞丐当即揭榜，进京做饭。在御膳房里一阵折腾，"珍珠翡翠白玉汤"出锅了。朱元璋叫上他的满朝文武来共享美食，众大臣的馋虫也被皇帝勾起来了，眼巴巴地等着上菜。菜上来了，君臣接碗一看，差点没背过气去！什么叫"珍珠翡翠白玉汤"？敢情"珍珠"是剩饭，"翡翠"是烂白菜叶，"白玉"是馊豆腐，整个一碗泔水大杂烩！可不是嘛，本来就是乞丐伙食，能好到哪儿去！当年朱元璋是饿狠了，现在哪吃得进去啊！可怜朱元璋君臣，抹不开面子，只能装作享受美味的样子强咽下去。

这个故事是老百姓对皇帝和乞丐这两个巨大身份落差所产生戏剧性冲突的调侃，主角换作哪个皇帝都没有朱元璋合适，翻看整个中国历史，只有朱元璋既做过乞丐又做过皇帝，际遇之奇无出其右。《舌华录》记载了一则趣事，说朱元璋登基后，有次祭祀历代皇帝，到刘邦面前时，"独于汉高祖增一爵，曰：'我与公，不阶尺土而有天下，比他人不同，特增一爵。'"给刘邦多敬一杯酒，说只有我和你是白手起家的皇帝，和别人不同。由布衣而天子，古今两人，杯酒相酹，别有豪情！

元代末年，统治愈加黑暗和暴虐，人民纷纷起义。朱元璋加入了起义军，经过十多年艰苦卓绝的战斗，将元朝统治者逐回大漠，战胜各路反王，由南向北地建立了统一的大明朝。据说朱元璋戎马之余，去一座寺庙游玩，庙里和尚问他是谁，朱元璋当即作了首诗："杀尽江南百万兵，腰间宝剑血犹腥！山僧不识英雄汉，只管哓哓问姓名。"可见其气魄！

朱元璋建国后，重视农业，奖励垦荒，轻徭薄赋，严惩贪腐，之前遭到破坏的农业、手工业迅速得到恢复和发展，城市和商业日渐繁荣，商品经济日渐活跃。到了明朝中叶，封建经济发展到了一定阶段，开始出现了资本主义萌芽。原始的资本主义生产关系映射在货币上，体现了许多新的特征。

　　明朝建立之初，朱元璋发行过"洪武通宝"等铜钱。但由于当时国内还时有战事，财政困难，铸币的青铜又不足，而元朝大面积流通的纸钞使用方便、接受度高，所以明朝政府又恢复了纸币制度，号称"宝钞"。明初采取了纸币与铜钱并用的方式，规定百文以下的小额交易用铜钱，百文以上用纸钞，禁用金银。但是明朝政府财政支出时大量使用纸币，收税时却尽量不收宝钞，民间的宝钞又不能向政府兑现，政府实质是在用低成本的纸币信用来压榨民间的财富。日积月累之下，宝钞出现了通货膨胀，大幅贬值，在不到50年的时间里，大米市价涨了25倍以上。为了稳定物价，政府也做了各种尝试，包括停发纸钞；增大课税范围，用税收回笼纸钞；强制使用，规定不用钞一贯者罚钞千贯；禁用白银和铜钱，只能流通宝钞。但是由于宝钞的信用崩溃，民间实际已经不用了，依然使用白银、铜钱交易支付。后来政府被迫放开禁令，但纸币已经名存实亡，形同废纸，政府再印纸钞也只是一种保存祖制的形式而已。

明代宝钞

　　明朝货币的一个大趋势是奠定了白银的主流地位。明朝前期禁止使用白银，但是民间"不论货物贵贱，一以金银定价"，特别是到明英宗时放开白银禁令，白银的使用更加普遍，政府课税都是征收白银。白银取代铜钱成为主要货币的深层次原因是商业贸易的繁荣，当时全国形成了许多繁华的大都市，同时大力开展海外贸易，市场交易频繁、交易量大，客观要求比铜钱更高价值的贵金属来进行流通。金银是最好的选项，但是金质贵而量少，白银的存量大于金，新的冶炼技术和海外贸易的白银流入，都能保证白银的有效供给。所以市场做出了最佳的选择，俗话说"清酒红人脸，财白动人心"，从此，"白"成了代表财富的标准色。

　　铜钱在明朝有了比较细致的分类，政府规定，本朝发行的铜钱称为"制钱"，前朝的铜钱称为"旧钱"，两种在价值上有所差别。总的来说，明朝的制钱发行量不大，甚至很多皇帝在位时都没有铸钱。铜钱发行量小的原因，技术上是明朝铜矿开采量小，"比前朝不及什之二三"，铸币的原铜不足；最重要的是，明朝前期主要使用纸钞，中后期主要使用白银，对铜钱的需求量大大下降，不再需要铸造大量的铜钱来参与流通了。

　　明朝正式的年号铜钱大致有十种，为避朱元璋的"元"字讳，不称"元宝"统称"通宝"。太祖朱元璋洪武元年发行的"洪武通宝"，这是明朝最早的铸钱；明成祖朱棣永乐年间发行"永乐通宝"；明宣宗宣德年间发行"宣德通宝"；宣宗之后有三位皇帝、经历了四个年号，都没有铸币，直到孝宗弘治年间才恢复铸币；明世宗嘉靖年间发行"嘉靖通宝"；明穆宗隆庆年间铸"隆庆通宝"，重一钱三分，比前朝略重；神宗万历年间发行"万历通宝"；熹宗朱由校铸"泰昌通宝"和"天启通宝"，"泰昌"本是熹宗之父光宗的年号，但光宗在位九个月即逝，未及铸钱，由熹宗用"泰昌"遗号补铸，"天启通宝"则是熹宗的年号钱；明代最后一位皇帝思宗朱由检铸"崇祯通宝"，"崇祯通宝"背后钱文非常复杂，有纪地名，有纪干支，有纪发行机构，还有一种铸有满文，这是清兵入关后打着为崇祯报仇的旗号与李自成作战时发行的，目的是拉拢汉人，清朝建立后，这种铜钱也就不再使用了。

背"户五"雕母刻花崇祯通宝

《明史·食货志》记载，明朝前期铸币数量一般不多，还时有皇帝在位没有铸钱的情况，嘉靖皇帝在位时，补铸了从洪武到正德九个时期的年号钱各一百万贯。但当时的铸币能力有限，而且中间"洪熙"到"正德"几个年号对应的钱币流传极少，还多是仿品，所以后世对这个记载一直有争议。从万历年间开始，封建经济有了较大的发展，促进了商品经济的活跃，对货币的需求也相应提高，万历、天启、崇祯在位时，铸钱数量要大得多。

此外，崇祯时，南京铸造过一种崇祯通宝钱，背后有一个奔马的纹饰，称为"跑马崇祯"。背后带动物图像，这是铸币史上极少见的现象，当时百姓都以为不祥，民间有"一马乱天下"的谶语。后来李自成打进北京城，崇祯帝自缢煤山，又有人附会，说"闯王"的"闯"字是"一马进门"，明朝早有亡兆。

背跑马崇祯通宝

明朝末年，统治黑暗，社会矛盾尖锐，各地爆发了大规模的农民起义。1644年，闯王李自成进入北京，崇祯帝自缢煤山，明朝灭亡。这一年，李自成在北京和西安铸造发行"永昌通宝"钱，张献忠在四川发行"大顺通宝"钱。明末政府发行的钱币又轻又小，起义军的这两种货币足值得多，百姓都很拥护这两种铜钱，甚至镶在帽子上以示欢迎。

明朝灭亡后，明朝皇室的藩王在南方相继建立了一些政权，坚持明朝正朔，他们也发行了自己的钱币。

福王朱由崧在南京即位，年号弘光，发行"弘光通宝"钱。弘光皇帝昏庸无道，朝政被马士英、阮大铖等一帮奸臣掌控，贪污腐败，搜刮民财，百姓中流传有"扫尽江南钱，填塞马家口"的诗句。一年后，清军直驱南下，弘光朝廷被灭。

唐王朱聿键在郑芝龙、郑鸿逵拥戴下，在福州成立隆武政权，发行"隆武通宝"。第二年，清军南下福建，郑芝龙降清，隆武帝被擒，绝食而死，国亦灭。

隆武之后，原明朝桂王朱由榔在广东肇庆称帝，建元"永历"，发行"永历通宝"。永历朝廷由明朝遗臣拥戴成立，后来又吸收了原张献忠农民起义军的部分势力，最盛时甚至收复了北到甘肃、东到江西的大片区域。因为内部斗争激烈，15年后，这个政权被清军攻破，永历帝逃到缅甸，被缅甸人擒获献给吴三桂，吴三桂在昆明将其处死，现在昆明还有"逼死坡（箆子坡）"，另有蔡锷将军所立的"明永历帝殉国处"碑一块。"永历通宝"中，行书和篆书钱文的铜钱，是郑成功为复国在日本所铸。

与隆武同时，鲁王朱以海在台州建立政权，以监国鲁王名义执政，发行"大明通宝"。浙江的鲁王政权与福建的隆武政权不相统属，被清军逐个击破，鲁王逃往金门，依郑成功父子。后与郑氏不和，去监国之位，病死金门。

中国铜钱史上有一个规律，往往到了朝代末期政权风雨飘摇的时候，会发行一些"大"字头的铜钱。如"大唐通宝"事实上是短暂的南唐政权所铸，"大宋通宝"发行于偏安江南的南宋中叶，"大明通宝"铸于危在旦夕的南明政权，"大清铜币"流通于清末危机四起的光绪、宣统时候，一个朝代气数不足、有心无力了，借由文字张其势、振其心，这也是货币在中国封建王朝残喘之际的一个特点。

明朝时铜钱已经失去了往日的光辉，在货币体系中的地位开始下降，发行数量不多，而且在铜钱的形制上也没有任何创新和改变。这一时期的货币主要是结构的演进，从此，中国进入了一个缓慢且艰难的资本主义化新历程，这个演进的历程中，货币只是其附庸和助力，这一时期对整个中国有着重大的意义！

14　今年花落颜色改

◇┈┈┈┈┈┈

中国历史上有很多杰出的女政治家，如武则天、萧太后，在男人主导的世界里，她们推动了国家的发展，创造了令人侧目的历史。还有一些女性，如晋惠帝贾后、唐中宗韦后，空有权力的欲望，当权力在她们手中时，只能充当她们狭隘野心的工具，留下一片狼藉；而对更多的政治光环下的女性，她们没有能力自主抉择，更没有能力干涉现实，但当人们需要为历史的荒谬找一个借口时，她们便成了"祸水"，成了时代崩塌的根源。

历史上很多女性都承受着这样的指责，其中最著名的，应该就是明末清初的陈圆圆了。因为清代诗人吴梅村的一首《圆圆曲》，陈圆圆和吴三桂的故事家喻户晓。在这段"冲冠一怒为红颜"的传奇中，陈圆圆一直是弱势的一方，最开始是贵戚田氏的"筐篌伎"，后来被吴三桂强霸了去，李自成进京后，又被农民军抢去。在父亲的劝降书信下打算投降李自成的吴三桂，听说爱姬被抢，大怒而罢，给父亲回了绝命书，致使"全家白骨成灰土"，然后大开国门，引导大清入主中原。

将清兵南下的责任推给陈圆圆是不负责任的。吴三桂其人，看其回绝父亲书信、为清廷平定江南的汉人、杀死明朝最后一滴血的永历帝、晚年兴兵反清，他本身就是个理性、冷血的野心家，这样的人做事绝不会受感情左右。从一个更大的视角来看，即便是将这个人物文学化，他真的是个"英雄无奈是多情"的人，历史也是决定在能决定历史的人手中。陈圆圆不能决定，吴三桂也不能，他们只不过是被挟裹在一股潮流之中，这股潮流来自汉、满两个民族，腐朽与壮大、繁华与贪婪的现实对比，吴三桂只是在注定的历史规律下推波助澜，然后就"尝闻倾国与倾城，翻使周郎受重名"，战争和美女的题材被文人和舞台给无限地戏剧化。满族由北向南的占领，就如同之前任何一次少数民族政权的入侵一样，只不过大清"至能效仿中国，故气运亦视别种为长"，他们完成了军事上的统一，基本确定了今天中国的版图，在政治和经济上也继续了整个封建王朝的发展趋势，走到了中国封建社会的最高峰。

清代人口达到了三亿，清末更是有四亿以上，政府大力推动开荒、屯边、新作物种植。清初到清代中叶，经过"康雍乾"三代盛世，商品农业十分普遍，社会产品丰富，手工业相当发达，雇佣劳动形成了很多规模产业。商业繁荣，当时有"十大商帮"的说法，晋商、徽商控制着金融业，闽商、潮商控制着对外贸易。

这一时期的货币经济也相当活跃。货币基本类似明代中后期，大额交易用白银，小额交易用铜钱。固定一两白银兑换一千铜钱的比例，根据市场实际，略有涨落。鉴于元、明两朝滥发纸币引起的货币混乱，清代基本不发行纸钞，但是在民间商号还是有钱票流通。

清朝主要的流通货币依然是白银。政府规定，缴税在一两以上的必须缴纳白银，一两以下的白银或铜钱均可，而且必须是标准含银量的"纹银"。一直到乾隆时期，中国主要使用银块；嘉庆到光绪时期，对外贸易频繁，外国银币大量流入，也在民间使用；光绪到宣统时期，中国开始仿照外币形式，自铸银币。但不论外币流入还是自铸银币，块状的银两始终占据主导地位。

光绪元宝银元（龙洋）

除白银之外，清朝主要使用的是铜钱。由于铜钱面值小，跟老百姓生活联系密切，所以虽然总的交易量没有白银那样大，但是使用非常频繁。清朝仍然称自己的铸钱为制钱，禁用明代铜钱。

清朝最早的铸币还在入关称帝之前，努尔哈赤于1616年建立后金，年号"天命"，铸造过满文的"天命汗钱"和汉文的"天命通宝"。后来皇太极继位后，铸行过满文的"天聪汗钱"。满族入关后，顺治元年，仿照明朝制度，在京师设"宝泉局""宝源局"，正式发行铜钱。先后经历十朝皇帝，发行了十种年号钱。

顺治在位时，发行了"顺治通宝"铜钱，顺治通宝钱根据背面的钱文分为五种，统称"顺治五式"。顺治时虽然就定价一两白银兑钱千文，但在民间制钱、旧钱定价不同，制钱七文值银一分，旧钱则需要十四文。康熙钱的版本很多，基本也是继承了"顺治五式"的制钱风格，其中有一种俗称"罗汉钱"的康熙钱，据说是康熙六十大寿时，隶属户部的宝泉局专铸了一炉钱，在材料中熔进去一尊金罗汉，以为祷颂，"罗汉钱"铜色金黄，现在非常少见。清世宗雍正在位13年，铸"雍正通宝"。高宗乾隆在位期间，铸行过"乾隆通宝"，乾隆通宝颜色很特别，有黄铜钱，有加锡的青钱，还有一种在新疆用红铜铸造的，在新疆行用，称"红钱"。仁宗嘉庆在位25年，铸行"嘉庆通宝"。宣宗道光年间，行"道光通宝"，其中有一批红钱，背面有满文和回文的"阿克苏"字样，另有一"五"字或者"十"字，这是清朝平定张格尔叛乱时在新疆阿克苏铸造的。乾隆时候击溃大、小和卓统一新疆，大和卓之子张格尔逃亡南疆，后来在英国人支持下发动叛乱，张格尔擒斩后，其兄玉素继续对抗清廷，战争持续了数年，军费开支浩大，所以清政府在阿克苏铸造了这批当五、当十大钱，以减轻财政压力。文宗咸丰年间，内有太平天国起义，外有第二次鸦片战争，政府连年征战，财政困难，采取铸造大钱的方式搜刮民间财富。当时铸造的咸丰钱面值分为16种，从价值一文的小平钱到当四、当十、最高当千的贬值大钱，小平钱价值最低，名称为"咸丰通宝"；当四到当五十大钱称为"咸丰重宝"；当百以上的称为"咸丰元宝"，还有一种特殊的当百大钱，每枚重五两，这是中国历史上最重的钱币，此外还发行了铁钱和铅钱。这些贬值钱币的发行引起物价飞涨，市场混乱，给人民生活带来了困难。咸丰十年（1860），八国联军进攻北京城，火烧圆明园，清朝皇室逃往顺德，不久，咸丰驾崩，八大臣辅政，改元"祺祥"，铸"祺祥通宝""祺祥重宝"年号钱。西太后与恭亲王发动政变，改年"同治"，发行"同治通宝""同治重宝"。德宗光绪年间，铸"光绪通宝"小平钱和当十的"光绪重宝"钱，光绪十五年（1889），在张之洞的建议下，开始引进外国机器铸钱，机器铸钱不仅整齐均匀，还大大降低了铸造费用，只是数量不多。清末代皇帝溥仪在位三年，发行"宣统通宝"钱，分手工铸造和机器铸造，这是中国货币史上最后一种铜钱。

"宣统通宝"小平钱

除了正统的清政权有铸币之外，一些与清政府并立的短暂政权或军事力量也发行有货币。太平天国1853年定都南京后，就开始铸造铜钱。在太平天国实际占领的区域，各地将领经过天京的中央政府批准就可以自行铸钱，所以钱币很不统一。太平天国所铸铜钱，一般的钱文为"太平天国"，背面为"圣宝"二字；或正面是"天国圣宝"背面"太平"、正面"太平圣宝"背面"天国"字样。总的来说，太平天国发行的铜钱，币制还是比较稳定。与太平天国建制同年，天地会分支小刀会在刘丽川领导下占领上海，建立大明国，刘丽川自任统理政教招讨大元帅，宣布反清复明。占领上海第二年，铸"太平通宝"钱，太平通宝钱背后铸有象征"明"字的日月型图案，百姓称之为"日月钱"，1855年，在清军和英法美等侵略军的绞杀下，起义失败。

除圆形方孔的铜钱外，清朝还铸有铜元，又称铜板或铜子儿，是没有方孔的圆形铜币。中国的铜元自光绪二十六年（1900）正式发行，仿照西方铜币样式，采用机器制造。铜元面值有一文、二文、五文、十文、二十文几种，以当十文和当二十文的最多。清朝的铜元主要发行于清末，前后大致有过三种。

光绪二十六年，发行"光绪元宝"铜元，背为蟠龙图案；宣统年间，铸"宣统元宝"，形制与光绪元宝相似；此外，光绪、宣统还分别铸行过"大清铜币"，除背后龙纹，边上还有英文。

大清铜币

机器铸钱不仅成本低廉，而且钱币平整精巧，质量均匀，所以铜元很受民间欢迎。铜元的出现和普遍应用，标志着我国封建货币制度开始向资本主义货币制度过渡，它逐渐取代铜钱，与白银并行使用。

从先秦各种形式的青铜币到秦朝的半两钱、汉朝的五铢钱、唐朝的通宝钱，再到清末吸收了外来形式和铸造方法的铜元，我国的钱币史经过曲折的进化，伴随着封建经济的解体和资本主义经济的缓慢发展，步入了一个新的阶段！

15　更闻桑田变沧海

◇⋯⋯⋯⋯⋯

　　慈禧太后执政后，大权在握，难免有点骄傲，有一天，她看到宫中点着的蜡烛，说："要我大清灭亡，除非灯头朝下！"中国人一直用的烛火确实都是往上烧，灯头朝下绝不可能。既不可能，那么大清看来就是皇图永固了。话犹在耳，几年后德国人在上海成立电气公司，引入了电灯，电灯点着后可不是灯头朝下吗？慈禧万没想到一语成谶，刚好应了这个冥冥中的巧合。

　　1908年，慈禧和光绪一日之间相继死去，三岁的宣统皇帝溥仪继位。在登基仪式上，溥仪大哭大闹，说要回家；摄政王载沣在边上劝他，说就快完了，就快完了⋯⋯当时大臣都以为不吉，果然，三年之后，小宣统皇帝就被废黜，清朝遂亡。

　　这些当然只是巧合，但清末的局势确实处处流露着这样一种悲剧性暗示的氛围。1911年武昌起义成功后，清王朝土崩瓦解。1912

年元旦，孙中山先生宣布成立中华民国。封建社会成为历史，资本主义共和时代开启，直到1949年中华人民共和国成立之前，中华民国作为中国社会一个重要的过渡阶段，在货币制度上，既继承了前朝货币的特点，又展现了浓重的向西方强国学习的色彩，有新时代的革新精神。

首先是白银货币的统一。清朝中后期，市面上就开始流通外国输入的银元和清朝发行的银元。到民国初年，市面上的银元流通状况十分混乱，多国银元继续上市，清朝银元和清末各省自铸的各种"龙洋"也继续沿用，此外，还有民国元年的孙中山开国纪念币、四川军政府发行的"汉"字银元等，多达十几种。这些银元种类繁杂，而且成色不一，价格和接受度也各有差别。一些商人借由不同银元的价差，利用货币兑换的混乱局面，操纵银元市价，获取暴利，加剧了货币市场的混乱。在各界人民的一致呼吁下，北洋政府于民国三年（1914）颁布一项国币条例，整顿银元的发行与流通。规定政府新铸一元、五角、贰角、一角四种银币，以一元为主。这种新币就是后来俗称的"袁大头"，因为形式统一、成色和重量平均，这种银币很快就被市场接受，逐渐统一了中国货币市场。

民国开国纪念币"孙小头"　　　　　"袁大头"

北洋政府和民国政府都前后发行过纸钞。北洋政府成立了中国银行和交通银行作为中央银行，发行中行券和交行券。两行的纸券能相互通用，与白银、铜元绑定，随时兑现。北伐胜利后，民国政府成立四大国有银行，将发行钞票的权力集中。前后发行了法币和金圆券，由于货币滥发，引起了惊人的通货膨胀，钞票形同废纸。

　　作为继承铜钱地位的货币，铜元依然与老百姓的生活联系密切，在日常的小面额交易中，铜元的使用十分频繁。清末，各省贪图铸造铜元的巨大利润，滥铸铜元，使得铜元的质量下降，迅速贬值。按规定，一枚银元能换取当十铜元100枚，可是到宣统三年，即清朝退出历史舞台的1911年，银元和铜元的比价基本是1：130左右，有的地方甚至到了1：180。辛亥革命后，北洋政府实际控制的范围只有几个省，大部分地区处于军阀割据状态，各省的军阀纷纷加铸铜元，作为筹措军饷的主要来源。这种盲目的铸造向市场供应了大量劣质的铜元，进一步拉低了铜元价格。

　　民国新铸的铜元，主要是当十文的开国纪念币，正面为交叉的国旗两面图案，上书环形的"中华民国开国纪念币"字样；背面有两支麦穗和环绕的树叶，麦穗中间有"十文"字样，还有少数正面是孙中山或袁世凯头像的。各省的铜元正面多数是国旗图案和铸造省份及铜元面值，多数为当十文、当二十文；还有少数当五十、当一百、当二百的大铜元以及当五文、二文、一文的小铜子。

民国当十文开国纪念币

这一时期，中央和地方新铸的铜元字体、成色、价格各异，还有清末的铜元依然在市场上沿用，铜元市场混乱不堪，严重影响了人们的生活。

民国三年，北洋政府颁布国币条例，目的是限制铜元的发行数量，统一它的重量、成色和形式，下令把全国的19个铸造铜元的厂（局）裁减为9个，减少铜元的铸造数量，以稳定铜元的价格。这一年，恰好爆发了第一次世界大战，铜价大涨，铜元币值提高，铸币的成本也有所增加，铸造数量自然减少。这一次的影响一直持续到第一次世界大战结束之后，直到1919年"五四"运动之前，银元与铜元的比价始终在1:130左右波动，基本还是比较稳定的。

但是，由于北洋政府的政令不能有效制约盘踞地方的军阀势力，不久之后，各省的军阀又恢复了关闭的铸币局，还竞相开设新厂，铸造减重和成色很低的铜元。铜元价格打破了第一次世界大战后的稳定，有的地区在不到十年的时间里下跌到了原来的1/3。

铜元区域性的成色差异也使得地方保护主义盛行，为了防止其他省份的劣质铜元来换取本地的物资，很多省份都下令禁止外省铜元入境，不许外地商人挟带外省铜元来本地贸易，这就大大阻碍了国内市场的贸易往来，不利于经济的发展。

1927年北伐战争胜利后，国民党建立了统一政权，地方军阀势力日益衰落。1928年召开了全国经济会议，整理金融货币，出台了《国币条例草案》十四条，规定铜币作为辅币，有一分和半分两种，成分均为铜九五、锡四、铅一。铜元面值被大大降低，在货币发行体系中地位逐步下降，政府主导货币逐渐转向纸币。1930年，中华民国政府财政部正式颁布《中华民国国币条例》，明令禁止旧铜元的流通，然而铜元的使用并未立即停止，尤其是边远地区和穷乡僻壤，民间继续使用铜元进行交易。直到1933年，政府实行白银的"废两改元"之后，全国大部分地方的铜元流通已经十分稀少，各地小军阀、绅商势力烂铸之风也已基本绝迹。

在第二次国内革命战争时期，中国共产党领导的革命根据地条件极端艰苦，也铸造过不同面值、种类的铜元。主要有中央革命根据地铸造的"中华苏维埃"币，鄂豫皖革命根据地铸造的"皖西北苏维埃造"或"皖西北苏维埃造币厂"两种，湘鄂西革命根据地铸造的"湘鄂西苏维埃政府一分"币，川陕革命根据地铸造的"川陕省苏维埃政府造币厂造"200文、"川陕省苏维埃造"500文和"川陕省苏维埃"200文三种。苏维埃系列铜元是中国革命斗争时期的特殊币种，是中国近现代货币体系中的独特分支，也是中国革命力量在货币战线开展斗争的见证。苏维埃铜元在长征胜利结束后，也退出了历史的舞台。由于这些铜元铸造条件极为艰苦，外观不够精美，材质与铸造工艺也不高，因此流传到现在的，并不能只是以品相去评析，而要看到它们背后的历史和文化价值。

皖西北苏维埃造铜元

取消铜元之后，在小面额铜币之外，民国政府还确立了镍币的辅币地位。

我国最早使用镍币是在清代。光绪年间，对外赔偿白银量过大，清政府财政无力。为了解决这一困难，李鸿章在光绪皇帝的支持下，希望改变中国的银本位制。经过出洋考察，李鸿章制定了货币改革的方案，以镍质硬币为基础，委托英国伯明翰造币公司为清政府铸造了数枚镍币样品，但镍币改革遭到了以慈禧太后为首的保守派否决，还没实行就流产了。伯明翰公司铸造的三枚镍币样品也成为绝世珍品，在货币收藏界有价无市，难得一见。

　　民国24年（1935），民国政府发行了5分、10分、20分三种镍币。当年年底，政府宣布实行法币政策，禁止银元在市面流通，随后发行了可流通的21种不同版本的镍币，按规定，法币一元可以兑换5分镍币20枚、10分镍币10枚、20分镍币5枚。在这21种镍币中，有号称"三大天王"的三种镍币特别引人注目，它们是三十年半圆、三十一年十分、二十八年五分，这三种镍币的铸造和存世数量都很少，非常珍贵。

三十年半圆

　　铜币、镍币作为小额辅币，为人民的日常生活提供着便利，它们为经济和物价的稳定做出了自己的贡献。新中国成立后，它们退出了历史舞台，从此，除金银两种贵金属外，作为中国历史一部分的金属铸币、特别是青铜铸币，也结束了它的历史使命，货币，在新的历史时期和新的经济形势下开始了它们新的生命。它们伴随着一个时代开始，也伴随着一个时代终结，它们是历史最好的见证，是隐藏在每一层虚虚实实历史迷雾中的历史本身。

民国的货币与民国的年代一样，接受了陈旧的因素，也展现了新的前景。它推翻了清朝，也是清朝币制的继承者，银本位、铜币为辅的金属货币制度在这时得到了顺应时代的改革，但仍然被封建货币制度的弊端所困扰；它也继承了清末初具雏形的银行业，将现代金融的概念进一步融入了国家经济，但它所实行的金融政策没有建立健全的制约制度，还远没有到达中国金融稳定的终点。

16　　日月照耀金银台

◇⋯⋯⋯⋯⋯

　　明代凌濛初在《初刻拍案惊奇》中记载了一个有趣的故事。说北宋汴京有一位做生意的金先生，每天起早贪黑地跑买卖，终于攒下了一些银子。赚的银子怎么处置呢？金先生就想出了个主意，他把成色低的散碎银子拿出来零用，把大约百两的高成色银子融成一大锭，还在这锭银子腰间系上红绳子，放在枕边，每晚睡觉之前，一定要抚摸一番才睡得着。这么日积月累的，到金老先生退休的时候，积下了八个这样的银锭，这也算是他一辈子的积蓄了。金老有四个儿子，有一天，恰逢他七十大寿，四个儿子都在眼前，金老是越看越高兴，就宣布说，一辈子做生意攒下八个大银锭，现在也老了，就给每个儿子分两个，但不许用，得留着做"镇宅之宝"。四个儿子当然高兴了，把寿宴搞得热热闹闹的。

　　当晚，金老回去摸着八锭银子睡着了。做了一个梦，梦中有八个人拥到床前，说，上天注定，你命里本该有八锭银钱，所以赚到了我们；但你儿子没这个福分啊，跟我们没缘分。我们呢也不在这儿待了，有一户姓王的人家和我们挺投缘的，我们就去他那儿了，再见！等到金老惊醒过来，枕边一摸，银子已经没有了！

　　这个故事讲述的背景很寻常，就是古代一个小商人家庭的生活轨迹。奇的是，银子居然被养成了懂礼貌、有自主意识的"妖怪"，看不顺眼的不伺候，要自己择主。这也反映了明清时期的白银在社会中的重要地位，已经不光是作为金属、货币的存在，更是作为一种强烈的文化符号、精神象征，甚至被赋予了人性化的地位。作为最贵重的货币，黄金白银已经在民间建立起了超现实的心理崇拜。

　　紧接着的是另一个更离奇的故事。说有一个半吊子读书人，干什么什么不行，穷困潦倒，后来跟着别人出了趟海，经过一些离奇的遭遇，居然顺风顺水地赚了数万两银子。有了银子后，所有人都巴结他，他自己也立马变得阔绰、深沉、超脱、淡然，生活也处处顺遂了。白银能带来地位、带来信心、带来想要的一切，古人的拜金观显而易见，这虽则现实，却多少带了些鄙俗的市侩气。

　　人们对黄金白银的崇拜由来已久，"黄白之物"在货币体系中的地位并不比"铜臭味"的"孔方兄"逊色，而且还有更强大的生命力。

　　黄金白银作为货币的使用，远自商周时候。春秋战国时期，青铜是最重要的交易媒介，被称为"金"，当时的史料中有很多"赐金万镒"，其实只是赐给一堆青铜块，一镒等于20斤，一斤即"一斤金"，也就是一斤青铜的重量。

以金银作为货币，有实物佐证的最早是在春秋战国时期。1974年，在河南扶沟出土了18枚银质布币，其中空首布1枚，实首布17枚，与青铜布币的铲状非常类似，在形制上略有区别，银布表面没有纹饰，重量是空首布的3~20倍，应该也属于金属称量货币。

汉武帝元狩年间，和匈奴交战频繁，财政耗费极大，于是发行了所谓的"白金"。此"白金"是银和锡的合金，铸成大中小三等，有龙、马、龟的图案，价值分别是三千、五百、三百钱，总称"白金三品"，又称"白选"。"白金"是一种贬值货币，名义价值比实际价值高出太多，所以民间有很多盗铸行为，不久后就停止发行使用了。

王莽时候，在他著名的"泉布二十八品"中就有金货一品、银货二品。他还宣布实行黄金国有，勒令列侯以下的官吏和百姓必须将家藏的黄金交公，但是交公之后却没有付给他们相应价值的货币。

秦汉以黄金为上币，以铜钱为下币，到东汉以后，国内黄金数量大减，黄金价格涨幅达到过数倍，常用黄金的计量单位也由"斤"替换成了"两"。这样高价值的黄金，不再适合在市场流通，所以魏晋南北朝时期，黄金基本退出了货币流通领域，主要用于装饰和贮藏。当时还在铸造流通的金银，都是用于王公贵族、豪强地主之间的赏赐、馈赠、把玩的物品，并不进入市场，随着金银货币功能的淡化，这些赏赐的物品也逐渐被布帛和铜钱替代。

隋唐两代，金银的货币属性也并不突出。当时的金银，一是作为赏赐、进贡、军饷等大额支付的手段，二是作为首饰和作为财富贮藏，货币的色彩不重。甚至根据唐朝法律，私铸铜器要判刑，私铸金银的却不算犯法，金银根本不被认为是货币。但有两个地方比较特殊，一个是岭南，也就是今天的两广地区，这里本身出产白银，而且商业发达，很多都是大宗的海外贸易，外国客商不接受铜钱，就普遍以金银、特别是白银支付，所以出现了与全国货币体系迥异的"五岭买卖皆以银"的局面；还有一个地方就是西域位于丝绸之路要冲的高昌国，高昌国贸易发达，当时波斯帝国正值强盛时期，高昌国流通的就是波斯流传过来的银币。后来，高昌断绝与唐朝往来，被大唐派兵攻破，改设西洲，但当地人用银的习俗还是坚持了一百多年，直到7世纪末波斯被灭，银币来源枯竭，而大唐的影响力日盛，也开始慢慢接受中原铜钱和布帛兼用的形式，弃用白银。

唐代中期开始，随着商品贸易繁盛，交易区域扩大，大面额的绢帛已经显露了实物货币的缺陷，已不能适应时代进步的需要；而小面额的铜钱，铸造数量又太少，早期的开元、天宝年间，岁铸钱32万余贯，到元和年间，却只铸了13万余贯。面对越来越旺盛的市场需求，布帛和铜钱都无能为力，最好的替代品就是便于携带、便于分割、价值较高的金银了。所以从唐后期到五代，金银的货币性能又逐渐被人们重视，政府也开始同意缴税时缴纳金银、按比价折钱。虽然这时金银还没有确立完全的货币地位，但在货币流通中已经有了流行的趋势，为之后的更深层次的应用做了铺垫。

到宋代，商品经济空前繁荣，绢帛有作为货币材料的天然缺陷，逐渐退出货币领域。宋朝铜钱的发行量较唐朝有了很大的跨越，但是市场上流通的钱币仍然不足，而且随着区域性贸易的日渐活跃，铜钱价低而重，转运困难，也不是大宗或长途交易的理想货币。这些都为白银的大量应用准备了条件。

宋代白银开采量大大超过唐代，流通领域的白银数量增加，使用范围也得到了很大的扩展，使用频率极高。北宋真宗时，政府每年的收入中白银为88万余两，经过仁宗、英宗两朝，到中期的神宗时候，每年的收入中白银已近291万两，已经达到当年的三倍多；而就财政支出来看，真宗天禧五年的总支出为2714万贯、金13500两、银58万两，到南宋孝宗淳熙年间，仅百官、禁军的薪资一项每年就需钱1558万贯、金8400两、银293万两，经过对比可以看出，财政支出结构中，铜钱、黄金的变化并不惊人，而白银的比重提高了许多，可见白银的应用已经十分广泛，完全确立了其在货币体系中的地位。

宋代白银的货币地位可以用一个有趣的事例来说明。中国人都知道"此地无银三百两"的故事，这则民间寓言说的很可能就是宋朝的事。宋朝时，因为屡罹兵祸，老百姓都习惯将银子埋到地下，遇上隔了一代或者房屋易主，新房主往往不知道有埋银，经常有不经意一挖就是一窖银子的事情。宋人沈括《梦溪笔谈》中有记载："洛中地内多宿藏。凡置第宅未经掘者，例出掘钱。"

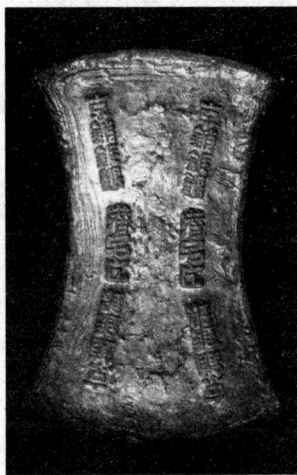

宋代银铤

买卖房屋，没有经过挖掘的，在房价之外，还要出一笔"掘钱"，可见当时埋银的风气甚广，可知当时白银的货币地位。甚至后来江南人吃饭都将鱼、肉放在饭下面，扒开饭就能吃到好菜，俗称"掘得窖子"，也是对这个风俗的延伸。

宋朝的采银量比唐朝高很多，而且因为银矿多在南方，所以，即便南宋偏安江南的情况下，白银开采也没有下降的势头。随着商品经济的进一步发展，白银有了取代铜钱成为流通主币的趋势，但这一过程被纸币的产生和广泛应用给延缓了。

蒙古人入主中原之后，在货币上有两个突出的特点。一个是大肆印制纸钞，引起了物价的混乱；还有一个就是确立了白银的主体地位。蒙古人还在游牧时期就铸造过西式的银币，后来受中原影响，铸造方孔银币"大朝通宝"。统治中原之后，元朝政府开始铸造船型的"元宝"，后世称船型金银锭为元宝，就是从这里开始的，元宝一般有50、25、12.5两三种。元政府为了推行自己的纸币，甚至还禁止过金银，但执行效果很差。元朝时铜钱发行量少，也不鼓励民间使用铜钱，还曾有过短暂的禁止铜钱的政令，所以元朝铜钱地位不高，很多都贱价流到了国外，在此之后的明清时期，白银成了货币主体，铜钱一直居于次要地位，元朝就是一个清晰的转折点。

明代初年，政府为推行纸币，禁止百姓使用金银，可是并不能真正阻止白银的流通以及向正式货币的发展。在洪武年间，明朝的商业贸易已经是"不论货物贵贱，一以金银定价"。明英宗年间纸币出现严重贬值，于是放开银禁，白银遂在全国普遍使用，成为明朝的主体货币。

白银成为主体货币是与明代的资本主义萌芽状态相适应的。明代前期社会稳定，商品经济十分发达，国内十几个大城市、各经济区域之间都有频繁的贸易往来，海外贸易也有所发展，客观要求有一种高价值的货币来支撑市场活动。而白银作为货币的材料属性决定了它的本位货币的地位，因为"金太贵而不便小用，且耗日多而产日少；米与钱贱而不便大用，钱近实而易伪易杂，米不能久，钞（纸币）太虚亦复有浥烂（潮湿霉烂）；是以白金（银）之为币，长也"。

　　充分的白银供给为白银的全面流通提供了可能。白银能"为币"的一个重要前提是明代白银的采矿和冶炼水平都较前朝有了很大的提升，白银产量因此大幅增加。而在海外贸易中的顺差地位也为我国输入了大量的"番银"，国外银钱的大量流入，也是我国货币流通领域里白银的一大来源。

　　明代白银的应用范围之广、程度之深都创造了前所未有的纪录。税收基本是收取白银，田赋也是以米、麦四石折银一两的价格计算，特别是万历年间"一条鞭法"推行后，各项税收都并入田赋，"计亩征银"；政府开给官员的工资90%以上也是白银，配以10%的制钱，国库的各项开支也都是以白银计算和支付；在民间，依据积累的白银数量多少，将商人区分为大贾、中贾、小贾三等。其中，家中资产有银百万两以上的，称为大贾；万两以上称中贾；百两以上称小贾。就像开篇故事中那位金先生一样，明人都在家中藏有大量白银，作为贮藏财富的手段。明英宗的太库中经常有八百多万两白银藏而不用的；武宗时当权的大宦官刘瑾被抄家时，家中竟然有黄金二百五十万两、白银五千余万两，可谓十分惊人了。

明代银元宝

清代的货币制度与明代基本相同，实行白银和铜钱的复本位制，"用银为本，用钱为末"，大额交易用白银，小额交易用铜钱，以白银为主。

清代的银两有船形的"元宝"，有秤砣形的"锞子"，还有珠形的银"滴珠""福珠"以及银饼、形状不规则的散碎银块，白银在形制上并不统一。而成色也是参差不齐，一般成色好的银子表面会有细丝的纹路，因此又称为"纹银"，纹银含银量约为93.5%，成色低于纹银的，交易时就不能足值使用，必须支付更多的银子，俗称"补水"。道光以后，由于铸造技术的进步，铸银的成色提高，称为"足纹银"，足纹银含银量在99%以上，到同治、光绪年间，纹银已基本退出市场流通。

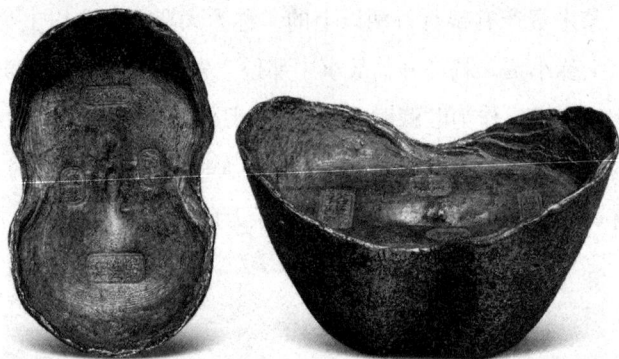

清代十足纹银

为了防止价值纠纷，政府设有"公估局"，类似于现在金属鉴定技术部门和公证部门的结合，专门负责查看银两的成色、称定重量，检测后，将结果书写在银锭表面，再加盖公章，这就在银两的金属价值之外，增加了政府信用的保证。

清代中期开始，由于放开海禁，中外贸易交流频繁，外国银元又大量流入，俗称"洋钱""番银"。外国银元与我国银两形制不同，都是圆形铸币，价值统一，在交易时不用验看成色和称重，使用比银两方便，所以在民间很受欢迎。鸦片战争之后，中国被迫开放通商口岸，洋钱在中国境内数量更多、流通范围更广。当时流通的洋钱种类繁多，主要有荷兰、葡萄牙、西班牙（铸于殖民地墨西哥，鸦片战争前后在中国最流行）、墨西哥（墨西哥独立后开始铸造）、美国、日本、法国（铸于殖民地越南）、英国银元，据清政府1910年调查显示，外国银元在中国流通的约有11亿，仅西班牙鹰洋（铸于墨西哥）就有约4亿。洋钱的大量流通应用便于帝国主义列强操纵中国经济，也增加了国内金融的不稳定性。

洋钱比银两制度先进，市场接受度也更高，清政府在各界的呼声下决议仿造西洋形制，制造本国的银元。光绪十五年（1889），张之洞在广州设造币厂铸造首批银元。银元正面是"光绪元宝"的汉、满钱文，边缘有关于铸地和钱重的英文描述，背面是蟠龙花纹，还有"广东省造库平七钱三分"字样，这批银元统称"龙洋"，与流行的外国银元一致。广东之后，各省纷纷设厂效仿，铸造本省龙洋，样式基本一致。当时四川为了抵制英国在印度铸造的卢比，曾仿照印度卢比样式铸造过一批地方银元，正面有光绪半身像，背面有"四川省造"字样，俗称"四川卢比"，这是中国最早的人像铸币。宣统年间，中央和地方又发行"宣统元宝"和"大清银币"两种银元，至辛亥革命停铸。

鸦片战争之后，中国被迫接受了前所未有的变革，经济上，独立的货币体系受到冲击，被更先进的西方货币制度征服，中国自主的货币文化演进被强制终结，进入了跟随西方货币脚步的时代。

辛亥革命后，清室退位，建立中华民国。民国初年，银元流通极其混乱，除了各种洋钱之外，还有清朝中央和地方各省发行的龙洋，以及民国元年铸造的孙中山像开国纪念币、四川军政府"汉"字银元等，多达十几种。银元成色多有不同，给人民生活带来了不便，也给了外国银行和本国不法商人牟利的空间，为金融系统的稳定留下隐患。在社会各阶层的广泛呼吁下，北洋政府于民国三年颁布国币条例，整顿和统一银元市场。条例规定，政府铸造一元、五角、二角、一角四种银币，以一元为主，誉为"国币"。这种铸币正面是袁世凯头像，背面是面值和嘉禾纹饰，这也就是我们俗称的"袁大头"。"袁大头"法定重七钱二分，成分为90%的银和10%的铜。北洋政府规定，一切税收和财政支出都使用国币，不接受洋钱和银两。"袁大头"形式新颖，识别度高，而且成色和重量都严格依照规定，很受市场欢迎。民国四年之后，各省开始仿铸"袁大头"，"袁大头"逐渐在全国流行开来。1919年6月11日，受五四运动感召，钱业公会决议取消洋钱，只用国币，从此，中国银元的使用才完全统一。

"袁大头"在袁世凯死后继续发行，一直到北伐战争前，北洋政府的一些执政者或地方有势力的军阀也发行过带有自己头像的银元，但都属于纪念币性质，发行量不大。

民国十六年（1927），北伐战争胜利，国民党取代北洋军阀执政，停铸"袁大头"，发行孙中山头像的银元。在英国、法国、日本、意大利、奥匈帝国五国的协助下，1933年，国民政府的银元正式发行。这种银元正面是孙中山先生头像及"中华民国二十二年"字样，背面是帆船图案和"壹圆"字样，被财政部宣布为正式国币，与"袁大头"同时流通。

中华民国二十二年孙中山像银元

　　民国政府的另一大举措是"废两改元"。由于使用旧制银两的习惯在民间根深蒂固，银元发行后，银两仍然占据着较大的支付比重。使用银两时，必须验看成色和重量，在银元流行后，还需和银元折价换算，在交易和税收上都极为不便。因此，在民国二十二年，国民政府宣布"废两改元"，规定以后必须使用银元交易，银两支付没有法律效力，私人的银两可以交由政府代铸银元，或向中央银行按比例兑换。这次改革符合经济发展潮流，得到了迅速推广。流行了四百多年的银两制度，在这时完结，从此，金属称量货币彻底退出了我国的货币流通领域。

　　就像开篇的故事一样，金银也有自己的因果缘法，因为优越的材料性能被选作高价值货币，在不断地演进中成就了辉煌的历史，最后又黯然消失于新时代，象征着中国封建货币制度的终结。但历史还在继续，金银并没有从货币的舞台上退去，而是同样保持着高价值，继续演绎着"货币天然是金银"的精彩！

17　天下大势一纸间

◇ ·················

　　中国文化的精髓，体现在民间文化之中。有一些民间故事深刻而充满智慧，读来让人不禁拍案叫绝，必须拿出《汉书》佐酒的气势，佐以三声大笑。

　　传说北宋熙宁年间（1068—1077），益州地方住着一户焦姓人家，儿子叫焦根大，以卖菜为生，独自赡养母亲，家中一贫如洗，母子二人相依为命，艰难度日。

　　这一天，焦根大一早出去卖菜，在城门口捡到一个纸团，打开一看，吃了一惊，居然是面值六十贯的几张交子（北宋纸币）。焦根大这辈子没见过这么多钱，一激动，生意不做了，跑城里逛了一圈，又是米又是肉的，还给母亲扯了一段布，总共也才花掉一贯不到。早早地回到家，母亲还犯嘀咕："这不逢年不过节，菜也不卖了，花这么些钱干吗？"焦根大兴奋地讲述了经过，觉得苦尽甘来，好日子就要到了。不料母亲却深明大义："你捡银子高兴，丢银子的人怎么办呢？要是这银子是用来救命的，咱们岂不就是谋财害命了？"焦根大也是个实诚人，只是穷怕了，在母亲的坚持下，只好拿着钱回原处等失主了。

等了许久，眼看着过来一个人着急忙慌地找东西，上前一问，还真是钱丢了，焦根大问："你丢了多少？"那人答道："一共六张，每张十贯。"刚好是焦根大手中的纸币数目，焦根大就连着花掉的一贯钱一起还给了他。

丢银子那人是本地一个无赖，眼看着焦根大留下一个"请叫我雷锋"的潇洒身影就要消失在人潮中，无赖眼珠一转，计上心来。叫住焦根大，说："刚刚我记错了。我丢的是一百贯，这里有六十贯，还有四十贯劳烦一起给我吧？"焦根大听了个不知所措，围观的群众也纷纷发表意见，撕扯中，就告上了衙门。

益州知州坐堂，问明了事情经过，眼看着焦根大百口难辩，又让人去问了焦母，心里有了底。问焦根大："你捡到多少钱？""六十贯，六张面额十贯的交子。"知州又问无赖："你丢了多少银子？"无赖答道："一百贯，十张十贯的。"知州对无赖说道："事情已经很清楚了。两笔钱中间差着四十贯，焦根大捡到的交子是几张团着的，不可能风只吹走其中四十贯，那四十贯他要是自己拿了，这六十贯也不会交出来，所以很明显了，他捡的这钱不是你丢的那一百贯，只是你们捡钱丢钱的地方巧合而已。"接着宣布："焦根大捡到的六十贯归他所有，你丢的一百贯，衙门再帮着你找！"焦根大千恩万谢地拿着钱回家了。无赖只得干瞪眼，弄巧成拙，自己的六十贯也拿不到了！

　　这个故事赏善罚恶，让人大呼过瘾，也顺便介绍了当时的纸币——交子，其实我们最早知道古代人使用纸钞的印象应该来自电视电影中的情节，每每看到江湖豪客们飞出一张纸钞救人时，我们会不会好奇，古代的纸币是什么样的？

　　中国是最早使用纸币的国家。汉武帝发行过"白鹿皮币"，一张价值四十万，这被认为是纸币的原型。唐代时，贸易发达，两地之间金属钱币转运不便，就开始出现了汇票性质的"飞钱"——在甲地将钱款交给所在地区的专门机构，领一张票据，票据上写明付款详情，一半交给商人，一半交给寄送的地方，商人过去之后，凭票就可以领钱了，既方便又安全。飞钱是一种有价证券，不完全具备货币的功能，可以说是纸币的萌芽形态。

　　北宋初年，政府设立了"便钱务"，负责类似飞钱的业务。北宋的纸币交子，就是源自飞钱，"交子之法，盖有取于唐之飞钱"。当时商品经济相当发达，特别是四川诸路，"居大农所调之半"，而阻碍当地贸易的最大因素就是货币。两宋时四川都是使用铁钱，铁贱而重，一枚铜钱和一枚铁钱的比价达到了1∶10，一贯铜钱的价值，相当于重达65斤（当时的1斤约为597克）的铁钱。当时，买一匹丝罗，需要铜钱两贯，而铁钱则要二十贯，重130斤。这样沉重的货币很不便于贸易往来，特别是大额交易，铁钱的转运极其麻烦，川蜀多山路，当地的交通条件对铁钱的转运也有很大的制约。在这种条件下，交子应运而生，首先在四川流通。

　　交子最开始是一些大商人的私下行为，样式不一，基本还是一种类似飞钱的收据，区别在于，在频繁的贸易往来中，这些票券可以自由支付，充当货币。这时的交子因为出处太多，制作发行并不规范，经济纠纷很多。宋真宗时，四川政府对混乱的交子进行整顿，将交子发行权集中，准许成都的16家富商成立"交子铺"，独家发行，禁止其他私人从事交子业务。这一阶段的交子形制统一，秩序井然，通过16家商铺的分号将业务扩散到了四川很多地方，发行量达到几百万贯。但将交子的信用寄托在几个商人身上，有很大的风险，有些富商破产后，他们发行的交子便无法兑现了。所以有一个时期，政府下令封闭交子铺，已经发行流通的交子每贯只兑现七八百钱，将库存的交子全部销毁。交子作废后，四川又陷入了货币的困境，商业萧

宋代交子

条，"市肆经营买卖廖索"。大家还是觉得"自来交子久为民便"，废除交子不便于商业流通，可是由私人发行又有很大的风险，所以应该由政府继续接手。宋仁宗天圣元年（1023），政府设立"益州交子务"，天圣三年，正式发行政府交子，这也是中国的国家纸币正式发行的元年。

北宋官方发行的交子改变了之前商户临时填写面值的情况，有固定的票面金额，统一铜版印刷，红、蓝、黑三色套印，制作精美。交子流通以三年为一期，三年后必须以旧交子换取新交子，兑换时每贯需缴纳三十文成本费，然后政府统一将旧交子销毁。每期交子发行量为1256340贯，发行之前，政府会准备36万贯的现钱，作为发行纸币的本金，持有交子的人可以随时将交子兑现成现钱。

初期的交子只在四川发行和流通，宋徽宗时，政府财政紧张，决定扩大纸币的流通区域。将交子更名"钱引"，规定除东京开封府、闽、浙、湖广以外，钱引在各地都可以通行使用。流通区域扩大后，政府也相应地扩大了纸币发行额度，四川一地的钱引总量就达到了两千多万贯，而且不再准备应付兑换的本金。纸币滥发的直接后果就是严重的通货膨胀，钱引大幅贬值，最低的时候一贯钱引只能兑换几十文甚至十几文铜钱，在这种情况下，各地都停止使用钱引，只有四川一地仍然流通。

南宋的纸币称为"会子"，起源于民间，也是类似于汇票性质的票券。宋高宗绍兴三十年（1160），将会子的发行权收归中央，第二年又设置"行在（临时）会子务"，专门负责纸币发行。会子先在首都临安（今杭州）发行，然后由两浙及于东南各路，东南沿海大部分地区都普遍使用，应用程度日深，会子已经覆盖几乎所有的支付行为，开始成为南宋最主要的货币。

从宋孝宗乾道四年（1168）开始，会子恢复了交子三年一期的旧制，每期发行量提高到1000万贯，到宋宁宗庆元元年（1195），又提高到3000万贯，嘉定二年（1209），则激增到每期11560万贯。过量发售，引起会子大幅贬值，每贯会子的名义价格为一千文，但到了嘉定年间，只能兑换六百到七百文铜钱了。

纸币流通相对于金属货币和谷、帛等实物有很大的优势，所以除了南宋中央政府在东南沿海发行的会子外，地方也普遍有流通纸币的尝试。如四川依然独立发行流通的钱引，淮南淮北铁钱区发行以铁钱计价的"淮交"，在湖北及毗邻湖北的皖西、豫南发行"湖会"，在陕南发行"铁钱会子"，这些地方纸币都是在发行区域内部流通，应用范围有限。

南宋末年，蒙古军队灭掉金国之后，从四川、鄂西频繁进攻南宋，国内奸臣贾似道揽权，排挤忠直之士，朝政腐败不堪。为了应对经济困境，政府大肆发行大面额的新纸币，用以套取民间财富。新纸币称为"关子"，全名为"金银现钱关子"，一贯当会子三贯，会子废除不再流通。关子发行之后，人们都不买账，商人巨富囤积货物不肯出售，市场上只认铜钱，铜钱价值走高，民间纷纷把铜钱藏起或铸成铜器出售，北方的商人来到南宋贸易，也只要铜钱不要关子，关子迅速贬值，形同废纸，两百贯还买不了一双草鞋。货币再次陷入混乱，民间私铸的假钱、劣钱充斥其间，百业萧条，经济濒临崩溃，当时有人写了一副讽刺现实的对联："人家如破寺，十室九空；太守若头陀，两粥一饭。"南宋事实上已经不攻自灭了。

元朝早在建立之前的成吉思汗时代，就仿照宋朝发行过纸币，成吉思汗之后的元太宗窝阔台、宪宗蒙哥都相继进行过纸币的改革，基本是沿袭宋制，比如三年一期，留取本金以备兑换等等，与南宋用铜钱做准备金不同，蒙古一以白银，采用"银钞相权"的方式维持纸币的稳定。

元世祖中统元年（1260），发行"中统元宝交钞"，以丝为本位，二两丝价值一两银，所以又称"丝钞"。之后，又印行"中统元宝钞"，称"宝钞"，宝钞实行铜钱本位，发行面额从十文到两贯不等。之前发行的各种纸币作废，以宝钞作价回收。后来中统宝钞贬值，元世祖至元二十四年（1287）又发行"至元宝钞"，以1：5的兑换率换取市场上的中统钞。元顺帝至正十年（1350）发行"至正交钞"，取消了用于兑换的准备金，纸币不再绑定铜钱或白银的价值，不允许兑换。甚至有一个时期，元朝政府还禁行白银和铜钱，纯粹使用纸币。

　　元朝将纸钞的发行权统一收归中央，发行的纸钞也不再限定某一区域，可以在全国流通，使用的时间也不再有三年的限制，可以永久使用。元朝政府还制定了专门的纸钞条例，对纸币流通的基本情形做了详细的规定，这可以说是世界上最早的关于货币的立法了。在规范的制度下，纸钞的应用范围非常广，大小的支付场合都可以使用。纸钞甚至走出了国门，流传到了海外，日本、波斯、印度都曾仿照中国的纸钞建立了自己的纸币制度。

　　元朝末年，政治腐败，不堪高压统治的人民纷纷起义抗暴。元政府为了解决财政危机，滥发纸币，结果钞票大幅贬值，物价飞涨，引起了更大的动荡。为了应付浩大的军费开支，元政府采取的办法就是不断发行新钞，规定旧钞作罢，以新钞回收旧钞，新钞面额越发越大，老百姓的财富也就都被卷走了，有民谣形容当时的社会现实是"人吃人，钞买钞"，百姓疲于应对，纸钞的价值也一落千丈，"米粟斗直三十千"，一斗米已经卖到了纸钞三万钱。这时纸钞已经失去了信用，民间买卖都是使用铜钱或者直接实物交换。

　　明初，国内战事未消，政府财力不足，又缺乏原铜铸钱，而民间已经习惯了纸钞交易，所以明政府又恢复了纸币制度。洪武八年（1375），设立"宝钞提举司"，专责纸钞

大明通行宝钞

事务，发行了"大明通行宝钞"，面额从百文到一贯六种。纸币和铜钱同时流通，税收也是三分收钱、七分收钞，禁用金银，金银只能用于向政府兑换纸钞。

明朝纸钞的最大特点是整个朱明王朝只发行、流通一种"大明通行宝钞"，避免出现宋元那样市面上纸钞多种多样，给人以纸钞贬值的错觉。明朝的纸钞继承了元朝的一些革新，规定大明宝钞全国通用，还不设发行限额，也没有兑现的准备金。宝钞太破旧的可以拿到官方机构兑换新钞，每贯收取工本费三十文，但市面上只要还能辨认字迹的宝钞就可以流通，不得拒收。事实上，明政府在宝钞问题上实行双重标准，政府在收税时，只要新钞，不要旧钞，这样，市场上累积了大量旧钞，而大家又都想持有新钞，使得新钞旧钞渐渐地就不等值了。

由于大明宝钞不可兑现，发行数量又没有限额，发行时间越久，市面上的宝钞就越多，终于引起了通货膨胀，宝钞贬值。从太祖朱元璋发行宝钞开始，50年间大米价格上涨了25倍以上。从永乐帝开始，政府也一直在采取措施压制通胀，比如有的年份停发新钞；广开税源，减少流动性，物贵钱贱不是因为钱多吗？那就多收税让钱变少；扩大宝钞的使用范围，提升宝钞价值。这些措施加重了人民负担，但是不能从根本上拯救宝钞的贬值。当宝钞贬值到了一定程度，民间也就开始弃用宝钞而选择金银、铜钱流通，宝钞名存实亡，"积之市肆，过者不顾"，最低时甚至一贯宝钞还抵不上一文铜钱。

清朝有鉴于元明两代滥发纸币的教训，基本不再使用纸钞，只有在财政吃紧时，才会有限地发行，等到财政状况有所改善就又废止不用。

　　清政府首次发行纸钞是在顺治八年（1651），当时江南还有一些拥护明室的反清势力，清廷一直战事不断，财政不敷于用，所以临时发钞救急，这一批纸钞的发行到南明永历帝被杀即止，前后只有十年，每年也只有128 000贯。

　　清朝第二次发行纸钞是在200年后的咸丰三年（1853），当时太平天国势头正劲，定都南京，江南遍地狼烟，清政府面临严重的财政危机，于是决定发行钞票。这次发行的钞票主要有两种，一种是"大清宝钞"，有二百五十文到两贯的五种面值，后来遇到通货膨胀、纸钞贬值，还出现过五贯到一百贯的大面额。还有一种是"户部官票"，又称"银票"，有一两到五十两五种面值。大清宝钞和户部官票出现后，清政府又使用了明朝的手段，管发不管收，规定缴税时，使用钞票不得超过五成。在这样的政策下，民间钞票越积越多，又发生了贬值，到1860年，一两户部官票才值200个铜钱。外国商人利用这个价差大量收购钞票，然后按照票面金额缴纳关税，清政府不敢跟洋人起冲突，只能吃哑巴亏。在这次钞票发行八年后，天怒人怨，市场混乱，清政府不得不于1861年宣布全部回收。

　　由于半殖民地半封建社会的特殊性质，清朝时还有一些其他的纸券。鸦片战争后，列强先后在中国开设数十家银行，利用西方先进的金融业来掠夺中国人民的财富。这些银行有的不通过中国政府直接在中国发行纸币，如英国的汇丰银行、美国的花旗银行；还有的是中外合资，经过中国政府许可，发行纸钞，如中法实业银行、德华银行；还有一类是国外流通的纸币通过在华的外国银行流入中国使用，如美国联邦准备银行的美钞、沙俄国家银行发行的卢布等。软弱的清政府没有外交话语权，外国银行通过印刷纸钞就能在中国得到实实在在的财富，而且这些纸钞五花八门，加剧了本来就混乱的国内货币市场。1895年甲午海战失败，签订了丧权辱国的《马关条约》，全国上下群情激奋，变法改革的呼声很高，其中一个很重要的方面就是开设国有银行，发行本国纸币，抵制列强的经济入侵。光绪二十三年（1897），中国开设通商银行，并于次年发行银两票、银元票，随后地方各省也纷纷效法。光绪三十一年，新成立的大清户部银行（后改名大清银行）发行新的钞票，直到清朝倒台为止。

辛亥革命之后，北洋政府将大清银行更名为中国银行，与交通银行一起作为中央银行，发行纸币。中国银行发行的"中行券"有一元到一百元的银元票和二十到一百枚的铜元票，交通银行的"交行券"也与之类似。政府规定，两行发行的纸券在各种流通市场一律通用，不得拒收或降价接受，持券人可随时到两行兑换等值的银元和铜元。但当时外国银行都滥发纸钞，纸钞的信用度极差，而早发的纸钞已经占领了势力区域内的货币市场，所以两行的兑换券发行量一直不高，直到发行三年后，中行券的发行总额还只有3800万元，作为中央银行完全不能和欧美的同等级银行相比。

两行的纸券虽数量不大，但还算比较稳定。直到民国四年（1915），袁世凯一意孤行，恢复帝制，登基为"中华帝国"皇帝。他登基前后所费计有两千余万，将国库挥霍一空，富庶的南方纷纷起义讨袁，又断了袁世凯的财源，而且南方起义要发兵镇压，发兵就要粮饷，这就让本来空虚的财政雪上加霜。在向外国借款的尝试失败后，袁世凯将两家银行的现银储备尽数提取。西南战场上北洋军一路溃败，护国军势如破竹，京津百姓对袁世凯政府信心动摇，纷纷到中行和交行挤兑银元，两行束手无策，只能宣布停止兑换，两行券钞几乎变成废纸，拥有两行券钞的百姓，特别是抵抗经济风险能力较弱的底层人民，承担了巨大的经济损失。

1927年，北伐战争胜利，民国政府取代北洋军阀，开始建立以四大国有银行为中心的官僚资本主义金融体系。

1928年，民国政府成立中央银行，在统一的政治形势下，央行的影响力迅速增加，财富增长极快，从1928年到1936年，其资产增加了23倍，达创纪录的6.4亿元，存款增长4倍，纯利润增长了21倍。1935年，民国政府成立中国农民银行，与中国银行、中央银行、交通银行合称"四大银行"。四大银行由政府控制，以中央银行为主，具备央行功能，垄断全国货币发行。

但中国的货币制度此时还面临着很多挑战。1929年开始，资本主义世界出现了严重的经济危机，世界银价暴跌。美国是当时主要产银国，控制着全球大部分的白银生产，银价下跌是不符合美国利益的。在美国的一系列政策操纵下，世界银价又开始猛烈反弹，1931年银价最低时一盎司仅12便士，到1935年已经上涨到36.25便士，上涨幅度达300%以上。国际银价比国内高，为了追求更高的收益，大量的白银通过合法的出口和非法的走私外流出去，尽管民国政府采取了大量防止白银外流的措施，还是遏制不住白银流失的势头，仅1934年，中国出口或走私的白银就达3.37亿元。作为一个银本位国家——市场上流通银元，钞票与现银直接挂钩——大量流失白银的后果是极其严重的。银行缺银就得少发钞票，为了维持周转，必须少放贷；银行提高放贷条件，工商业的资金周转出现困难；企业减少生产，大量倒闭，工人失业，全社会陷入了通货紧缩的困境，由于缺钱，整个经济机器步入了萧条。

此外，当时虽然规定只有四大银行统一发行钞票，但货币体系并没有走向统一，仍然有很多杂乱的因素。外国银行发行的纸币达

3.2亿，相当于四大行钞票总发行量的一半；某些省份的货币流通完全被外国控制，比如东北的钞票全是日本银行发行的，中国银行没有话语权；各省依然自发钞票，而且过量发行，货币严重贬值；甚至各地的社会团体和经济组织也纷纷发行自己的私钞，制钱和铜元在某些地方依然流行。这些都是民国政府统一金融体系中的不稳定因素。

为解决这些挑战，民国政府在英国人的帮助下，建立了"法币"制度。其核心就是废除银本位制，由四大行发行统一的纸钞，取消白银和纸钞的绑定，让中国货币与英镑挂钩，实行固定汇率。1935年，由四大行发行"法币"，其他银行发行的钞票限期兑换成法币。宣布白银收归国有，银钱必须到银行换成法币，禁止银币流通，继青铜铸币的历史终结之后，白银也退出了铸币行列，金属铸币在中国货币史书上的篇章至此写完。

法币取消了纸币与贵金属的联系，是纯粹的纸币，这是顺应历史发展潮流的。法币发行后，统一了中国货币体系，将中国货币政策的制定集中到四家一体的银行，这也避免了各地银行各自为政、干扰全局的现象发生，有利于商业发展和人民生活。法币赢得了市场的支持，物价稳定，工商业开始恢复和发展，外贸出口也出现了明显的增长。

法币

1937年抗日战争爆发后，民国政府投入极大，出现了严重的财政赤字，赤字占财政总支出的比重始终在70%以上，民国政府的应对方法是大量发行法币。1937年，法币发行量为14.1亿，到1945年上升到6742亿，涨幅近48000%。过量发行引起法币贬值，物价上涨，出现了严重的通货膨胀，抗战八年，陪都重庆物价上涨了1226倍，这在整个人类货币史上都是十分惊人的。

1946年7月，刚结束抗日战争的民国政府又向解放区发动进攻，庞大的军费开支，仍然是嫁接到法币身上。截至1948年8月，法币发行量已达到6639946亿元，是抗日战争前的47万倍，黄金上涨462万倍，美元上涨333万倍，物价上涨超过3 492万倍！当时有报纸总结了十年间100元法币的购买力：1937年两头大牛，1938年一头大牛和一头小牛，1939年一头大牛，1940年一头小牛，1941年一头猪，1942年一条火腿，1943年一只母鸡，1944年半只母鸡，1945年一条鱼，1946年一个鸡蛋，1947年一只煤球或三分之一根油条，1948年只能买到四粒大米。当时出门购物都是提着成捆成捆的钞票，物价时时刻刻都在上涨，有人讽刺说"走过马路两三条，物价也要跳三跳"，过个马路的工夫，物价都得"跳三跳"，甚至还有回收行业论斤回收纸币，其价格比每斤废报纸还低。法币体系事实上已经崩溃了。

民国政府为了应对经济危机，压制通货膨胀，使了一个障眼法。1948年8月，民国政府宣布发行金圆券，发行额为20亿元，金圆券一元可兑换法币300万，与黄金有固定兑换比例，但不可兑现。金圆券发行后，民国政府利用它来强制兑取民间的"黄白绿"，即黄金、白银、美钞，两个月的时间里，共搜刮了黄金165万两，白银900万两，银元2 300万枚，美元4万元。很快，金圆券又因为无限制发行而猛跌，贬值速度比法币还快，最后甚至到了物价每天翻几番的地步。到1949年5月，金圆券发行量突破了60万亿，物价上涨超过120万倍。金圆券的崩溃不可避免，1949年6月，民国政府还在南方发行了银圆券，以代替信用破产的金圆券，但发行后即贬值，不久被人民政府以人民币作价收回。

大面额金圆券

历史上，中国的纸币有很多独创性的改革，也进行过"师夷长技"的现代化探索，总体上是不断适应新的历史趋势，有所进步，但也要看到，在每一次辉煌背后都有一段混乱，每一次混乱都伴随着无数人的哀嚎。今天，我们享受着成熟纸币制度的便捷，虽然不能说尽善尽美，但至少身处以稳定纸币制度为基础的秩序社会中，也可以说是极幸运了！

18　十万湖河东入海

◇ ....

　　迪士尼在1964年推出的电影《欢乐满人间》以13项提名、5项大奖的成绩成为奥斯卡金像奖的大赢家，这部被评为美国电影史上最受欢迎影片之一的伟大电影，讲述了拜金时代的人性回归的故事。其中有一个小片段，讽刺了现代银行制度，让人忍俊不禁。

　　乔治先生在银行工作，身居要职，是个富有的金融大亨，但两个调皮的孩子经常让他头痛不已。乔治先生想让孩子多学习金融知识，于是让新应聘的保姆带着两个孩子去他工作的银行感受一下。到了银行，乔治先生拿出来儿子迈克的零用钱，为他开了个账户，小迈克对自己的零用钱被强制征收很不满，他对存钱赚钱没什么兴趣，只想拿着自己的零用钱去买鸟食喂银行外广场上的鸽子，就缠着父亲叫嚷："把我的钱还给我！把我的钱还给我！"在银行的顾客听到了迈克的话，以为这家银行有资金风险了，纷纷跑到柜台提取存款，不久，更多的客户拥来，银行出现了挤兑风潮，被迫停止支付。银行停止支付，最开始挤兑的顾客们的猜想成了现实，在这样的压力下，银行破产了。

这个片段讽刺了银行系统的脆弱。我们能够看得见机枪和大炮发挥威力的物理过程，但不同于战争中的武器杀伤，如果将银行拟人化，要狙击一家银行，无需军队，我们需要的只是"意念"的力量。这个"意念"并不是《X战警》中查尔斯教授的意念力。其实说白了，我们什么都不用做，只需要动摇人们对银行的信心即可，就像上面的故事中迈克做的那样，给人们传递不信任的"意念"。银行，这个占据了所有城市最高大建筑的机构，用一堆金融数据和专业术语将自己掩饰在不可触及的神秘面具之后，它是知识时代的化身，它让人们觉得高不可攀，它定义了我们关于"富有"的想象，它似乎稳如泰山、无懈可击，可是，当我们靠近它、认识它的时候，我们就能看到它的脆弱、它的战战兢兢、它的恐惧。那么，银行到底是什么？

要懂得银行，先要知道借贷。假如在货币系统还不发达的原始农业社会，甲借了乙一只小羊，约定半年后还，半年后，甲还了乙一只同样重量的小羊，然后这件事就这么结束了。可是回过神来想想，乙未必这么觉得，他会觉得自己吃亏了，因为羊吃草就能长大，草不要成本，这只小羊我不用操心，让它自己去吃草，半年后就是只大羊了，但把小羊借给甲，半年后，得到的还是一只小羊，中间隔着好几十斤肉呢！于是下次乙再借羊给甲的时候，提出了自己的条件，按照羊的成长速度，你借一只小羊，还回来的时候，必须是大羊，毕竟那年头谁都不富裕，债主不赚钱也不能吃亏啊，甲一想也有道理，虽然不大情愿，还是同意了，借了只小羊，按照这段时间羊能长多大，还了只大羊。再然后呢，甲再次借小羊的时候，乙又不肯借了，羊我自己就能养大，可是借给你，你万一跑了呢？我凭什么白担这个风险！于是在甲的再三保证下，两人商量定了，甲借一只小羊，还一只大羊，此外，再搭一只兔子，作为对乙承受各种借贷风险的补偿和对他慷慨出借的感谢。

想想看，如果甲第四次、第五次、第六次……向乙借小羊，乙会一直借给他吗？当然会！虽然我们不知道甲老借小羊干什么，但如果乙足够理性，就一定会借给他，因为乙借出去一只小羊，收回来一只养成的大羊，还搭着一只兔子，这个过程乙得到了比他单纯养小羊更高的收益。再试想一下，如果乙的小羊足够多，像甲那样来借小羊的借贷者也足够多，乙每年什么都不做，到年底能收获多少成熟的大肥羊，能得到多少只兔子！想想是不是有点小激动？

这个故事讲的就是借贷的起源。在人类社会产生私有化之后，借贷就一直作为社会经济的一个构成而存在，银行业兴起之前，借贷的最常见形式就是高利贷。在农业社会，贫富越是悬殊，社会秩序越动荡，高利贷活动空间就越大；在商业社会，商业活动越积极，市场越繁荣，高利贷也就越活跃。高利贷常因与暴利和暴力相联系而遭人诟病，但现实是无论出于什么样的原因，人们总有借贷的需求，这就是高利贷能跨越多个世纪普遍存在的理由。

银行就是高利贷业务的延伸和发展。关于银行的起源，有两种说法。中世纪中期的欧洲，商贸发达，商人行走于各国之间，尤其是意大利的威尼斯、热那亚等几个港口城市，因为交通便利，成为了各国行商汇集的商贸中心，但商人们持有的各国货币相互之间不便直接流通使用，这时就出现了汇兑经纪人。他们一般就在热闹的贸易市场附近摆一张长凳作为临时办公点，长凳的意大利语是Banco，也就是后来银行的单词Bank。商人们在这里兑换钱币，时间一长，这些经纪商信用建立起来了，商人们就把钱存在他们这里，只需要开张作为凭证的票据就行，这样，汇兑经纪商们手中就有了大量的现钱。还有一种起源说是关于金匠这个职业。据说金匠们每天面对的是贵金属黄金，价值极大，所以他们有一套谨慎而保险的存储方法，而他们的主顾非富即贵，都需要一个安全的地方来保存他们的巨额金银财产，于是纷纷将金银交到金匠们的手中，只需要金匠开具一个作为凭证的票据就行。两种起源说到了这里就殊途同归了，手上掌握了来自不同客户的大量现金，然后发现所有客户一起来提现的可能基本不存在，于是聪明的汇兑经纪商或者金匠就留存部分现金以供零散的客户提取，其余的大部分都用于放贷，这样就凭空多了份高利贷的利润收入。这就是银行的雏形。

当汇兑经纪商或者金匠们放贷的业务稳定之后，他们甚至还会向在他们那里存放现金的客户支付一笔利息，这就是上面那个故事讲的，你能让别人赚到一只兔子，别人才会借给你他的羊。有了利息的刺激，高利贷商人们吸收存款的能力越来越强，放贷的规模越来越大，吸收存款和发放贷款成了他们的基本业务。到14世纪，这一部分汇兑经纪商或者金匠已经转变成了储蓄银行家。

浓厚的商业氛围和发达的货币经济，为银行的业务扩展提供了肥沃的土壤。储蓄银行放贷逐渐转向长期化，经营规模也开始扩展到整个欧洲，复式簿记法等账务处理工具的普及也为银行的专业化发展提供了技术性支持。

但中世纪的储蓄银行还不能做到规范经营，它们还不能建立一种成熟而全面的信用。经营钱财是一件风险很大的工作，当时，银行家们在欧洲各地存活和壮大，必须依靠当地有势力的贵族支持，而获得贵族们庇护的一个前提就是他们要能满足贵族们毫无信用却又贪得无厌的金钱要求。而13世纪到16世纪频发的王权与神权的战争，产生了很多的不确定性，对银行业的发展提出了挑战。14世纪后期，欧洲的贸易方式发生变化，传统的不固定的集市开始向固定的市场转变，更复杂的市场状况对金融业提出了更高的要求，与此同时，家族经营的方式又使银行的组织效率极低，管理混乱，决策的风险也相应加大。这些因素都威胁着银行的生存，所以，从15世纪末期开始，原始的私人银行大量倒闭，银行业陷入了前所未有的困境。

银行的大量破产也引发了人们对这个行业的信用忧虑，但由于银行在商业活动中的重要地位，它又是那样的不可或缺，人们急需找到一种方法，既能建立一个完善、严密的金融机构，又能保障它的信用。以国家信用为担保的公共银行应运而生，它有政府的信用保障，同时，又设计了更完整的运作机制，很快，这种公共银行大规模流行起来，1552年的帕勒莫和那不勒斯银行，1586年的热那亚银行，1587年的威尼斯银行，1605年的罗马银行，1609年的阿姆斯特丹银行以及1619年的汉堡银行等相继建立，共同促进了欧洲的金融繁荣。

但公共银行也有自己的问题。它们依赖政府，也被政府绑架。在政府过多的贷款干预下，银行的业务对象由全社会的商业活动变成了政府，它们存在的主要意义就是为政府提供贷款，所有的金融资源都应用到了政府的身上，政府的财政危机就是它们的信用危机。这类银行的自主性和灵活性被极大地削弱了，越来越类似于政府的一个财政部门。

地理大发现之后，欧洲资本主义伴随着新航路和殖民地的开辟迅速扩张。新兴的资本家阶层对金融制度有了更大的需求和更贴近新兴资本市场的要求，而政府主导的公共银行提供的社会金融资源极少，而且20%~30%的高利贷式利息门槛也让多数人望而却步。新兴资产阶级急需建立为资本主义市场服务的商业性银行，将社会闲置资本应用到庞大的资本主义扩张需求中去。

　　1694年，在英国政府的支持下，英格兰银行成立，这是第一家资本主义股份制商业银行。成立之初，设立股本120万英镑，向社会募集，拥有不超过资本总额的钞票发行权，到1844年，又独占了英国的货币发行。英格兰银行贷款利率大大低于早期的其他银行，凭借特殊的制度和地位，开展了广泛的业务活动，充当了商业银行的上线银行，是"银行的银行"，成为了各国中央银行的标准模式。英格兰银行是第一家股份制商业银行，是现代银行制度的开端，在它之后，资本主义商业银行由欧洲遍及了全世界。

今日英格兰银行

　　中央银行成为了各国政府的主要金融工具，特别是在第一次世界大战后，中央银行的地位被明确确定下来了，在全球范围内被建议设立。以中央银行为核心、股份制商业银行为基础的现代银行体系正式建立，银行成为了纯粹的金融机构，它的经营模式也脱离了个人或者国家的单一主体控制，实现了股东和职业银行经理人的分离，这样的设计让银行的组织结构更加稳固，经营决策更加专业和理性，信用保障的能力也越强。

在激烈的竞争下，现代银行业规模实现了爆炸性的增长，银行职能越分越细，业务范围越来越广泛，各种金融设计也越来越复杂。但银行基本还是保持着它最原始的业务——吸收存款和发放贷款；也保持着它的特性——实用、灵活，没有定式的形态，永远都在对经济的敏感嗅觉中不断变化适应。

银行的本质就和运输业中的汽车一样，负责虚拟的价值转移，收集闲置的资金送到需要的地方去，利息就是动力。所以，从某种意义上来说，银行其实只是一块很多人都知道的招牌和各种形式的账簿而已，它没有实体，它不从事生产，它所做的只是为商业社会提供润滑剂的资金融通，商业离不开资金融通，但银行终究只是资金来源方的附庸，维系它生存的只是双方的信任，本身不生产的中间人形式让它异常脆弱。

这就是为什么说信用是银行的生命，当银行的招牌能够为它赢得声誉时，它可以大到超过很多国家的经济规模，反之，当资金的拥有者不再相信银行了，再大的金融帝国都可以瞬间破产。就像开篇那个故事那样，前一秒银行还是体会着货币源源不断流入的成功者，下一秒当一丝悲观的气氛蔓延开后，银行就已经失败了。

作为货币的流通中枢，银行的特征事实上也是货币的特征，不过货币的垄断性更强，也更稳定，银行的自主性更强，也更脆弱。银行最大的贡献就是将货币的信用形式常态化、扩大化，使信用成为我们这个时代的价值构成，将人从各种纷繁复杂中解放出来。现代银行就像一条条四通八达的高速公路，将货币精确地送到世界的每一个角落，世界因为货币和银行而紧密地联系在一起，这就是今天地球各个板块日趋全球化的秘密！

19　　　　　　　　　　独占鳌头又何妨

◇ ·················

　　"'金钱超级特殊利益集团'与美国民选政府在南北战争前后的一百多年的时间里，双方在美国私有中央银行系统的建立这一金融制高点上进行了反复的殊死搏斗，前后共有七位美国总统因此被行刺，多位国会议员丧命。美国历史学家指出，美国总统的伤亡率比美军二战期间，诺曼底登陆的一线部队的平均伤亡率还要高！"

　　这是宋鸿兵先生的畅销书《货币战争》中的一段话，宋先生是坚定的阴谋论者，对近代的全球政经体系有独特的金融分析角度。美国总统在严密的安保措施下屡被行刺，是否全部是因为和金融资本家的斗争，充满着各种见仁见智的解读，但有一点宋先生是对的，那就是美国开国后，美国政府确实和金融资本家们就建立美国中央银行的问题进行过激烈的斗争，这是美国民主制度史上光荣的

一章，也让我们为金融资本家的力量
感叹。

各国的纸币上一般都印有一些重
要政治人物的肖像，十美元纸币上的
头像，属于亚历山大·汉密尔顿，这
位美国的开国元勋，是华盛顿总统时
期的财政部长，在美国独立之初，他
提出了很多国家政治和经济制度的构
想，对当时和后世影响深远。

亚历山大·汉密尔顿

汉密尔顿的一大贡献就是促进了美国央行的最初建立。当时，
以汉密尔顿为首的资本主义阵营和以杰斐逊为首的民主主义阵营针
对建立一个拥有绝对权力的中央银行系统问题展开了激战。汉密尔
顿认为，一个强有力的联邦政府和一个强大的中央银行是最有利于
国家稳固和发展的制度安排，而杰斐逊是坚定的民主主义者，他反
对以国家的名义的特权存在，反对权力的过度集中，经过激烈的讨
论，汉密尔顿成功地说服了华盛顿，批准了成立美国第一个中央银
行的法案，该法案迅速在参议院和国会通过。1791年，效法英格兰
银行的美国中央银行成立，它被称为第一合众国银行，特许经营期
20年，有发行银行券和保管国库的权力。

在200万美元铸币的基础上，第一合众国银行长袖善舞，发行
和开立了总共上千万的纸币和支票账户，将银行的造钱融资功能发
挥到了极致。到1796年，第一合众国银行已向美国政府提供了多达
820万美元的贷款，大量的流动资金充斥市场，造成美国的批发物
价指数从1791年到1796年五年间上涨了72%。在美国中央银行疯狂
的扩张步伐之后，大批新兴的商业银行纷纷追随，这样一来，纸币

泛滥，通货膨胀情况更加恶化。金融资本家们对金钱的嗅觉非常敏感，在第一合众国银行成立的时候，整个美国只有四家商业银行，一年之后，陡增了八家，四年之后，又新增了十家，这些商业银行的跟风成立和缺乏监管，给脆弱的北美经济增添了很多的复杂性。美国当时的经济结构是南方以奴隶种植园为主，北方以工商业为主，建立第一合众国银行无疑是对工商业有利的，而南方的种植园奴隶主们则不希望政府过多地干预经济，所以他们实际是反对建立强有力的中央银行的。自中央银行建立起，民主主义者一直持反对态度，他们认为中央银行违背了美国建国的分权和民主、自由原则，会破坏经济多样性，是对弱小经济体的侵犯。

在一片反对声中，当第一合众国银行的20年经营期到期后，没能得到延续经营的许可，被迫关门。

第一合众国银行到期被迫关闭后，动摇了市场对美国金融体系的信心，大量外国资本离开了美国。1812年，美国政府遇到严重的财政困难，而这时恰好爆发第二次美英战争，美国政府缺乏战争融资方面的手段，面临着财政的考验。北方的工商业主们拥有大量流动资本，但他们与旧宗主国英国商业联系密切，反对美英战争。1814年，英军攻入华盛顿特区，引发全国性恐慌，人们纷纷涌向银行挤兑，不堪重负的银行不得不宣布停兑，各地方银行又趁火打劫，不肯照价承认其他银行的银行券，全国货币系统几乎瘫痪。到1814年，政府公债已经由1811年的800万美元增至超过3 400万美元，银行和金融濒临崩溃边缘。战争结束后，麦迪逊总统鉴于政府财政上的需要和通货管制的混乱状态，征得国会同意，在1816年4月10日签署了建立第二合众国银行的法案。

第二合众国银行初始资本为3500万美元，其中的1/5来自联邦政府。该银行可以以资本总额为限自主发行银行券，银行券有等同铸币的效力。第二合众国银行也有与第一合众国银行一样的20年经营许可限制。

应该说，第二合众国银行的建立，是因为政府和人民在战争的混乱情况下已经看到了一个统一中央银行的价值。

第二合众国银行成立后，为美国重建了被损害了的货币系统，维持着稳定的币值和物价，促进了工商业的发展。同时，它已经能对货币供给总量和地方银行系统的信贷行为进行有力的约束，它发行的银行券也被民众普遍接受。所以在第二合众国银行成立12年后，业务扩张非常顺利，已经开设了25家分行。但第二合众国银行也面临很大的反对声。首先，在系统内部，该银行存在着管理上的疏漏，组织经营混乱，甚至对后来的一场导致广泛失业的经济危机负有部分责任。在银行系统，它享有政府赋予的某些垄断特权，比一般的银行有更大的竞争优势，引起其他银行的不满，而地方银行不希望受到来自更高层级的约束，所以也对它充满了敌意；第二合众国银行扩张过快、与民争利，引起一些地方群众的不满；第二合众国银行甚至转变成为权贵阶层服务，置联邦法律和普通民众利益于不顾，这也是它一直被人诟病的一点。

1828年，民主党人安德鲁·杰克逊竞选总统成功。杰克逊敌视中央银行，在第二合众国银行执照还有四年过期的时候，不顾国会的支持，否决了第二合众国银行的延期申请。事实证明，这个决定有着广泛的民意基础，在杰克逊行使否决权后不久的总统大选中，他以219票对49票的绝对优势赢得了连任选举。而第二合众国银行在1836年执照到期后，联邦政府撤走了注资并取消其特权光环，它转变为地方性质的宾夕法尼亚银行，并在1841年黯然倒闭。

第二合众国银行被撤销后，美国没有再成立中央银行，实行自由放任的银行政策。但随着经济发展，越来越频繁的经济危机让美国政府和民众苦不堪言。1893年，面对经济危机的侵袭，国内外资本争相抛售股票，大量外资撤出美国，恐慌的民众纷纷涌至银行挤兑现金，民间货币稀缺、流动性严重不足，市场一片混乱。1907年，一个华尔街银行家投资失利进而破产，引发市场恐慌，人们又掀起了一股挤兑热潮，一周之内，银行大量破产，经济危机再一次逼近。这时，一个传奇人物站了出来，他就是纽约的大银行家J.P.摩根。摩根利用自己在金融界的权威地位，召集纽约几家大银行的行长到自己的书房开会，等他们来了之后，又把门从外面锁起来，意思是要开门除非拿钱出来平息这次危机。一直到凌晨四点，当摩根再次走进那间房子的时候，他成功地说服了这些对出借贷款心怀不安的银行家。这次会议的结果是，提振市场信心大约需要注入2500万美元的资金，这笔钱由大家分出，因为如果任由市场恐慌下去，最终整个国家的经济都会崩溃，这显然也不是银行家们希望看到的。

J.P.摩根总共动员了上亿美金来拯救濒临倒闭的企业和面临破产风险的地方政府，他甚至促成一亿美元的黄金从欧洲流入了美国。救市行动很成功，人们在感激摩根的努力的同时，更恐惧于类似摩根这样的银行巨头们无尽的力量。在这个反对强权、呼吁民主的国家里，存在这样一个能一手遮天的人物，无疑是非常让人不安的，于是人们又在讨论中央银行的回归。毕竟相对于个人，国家的强权是理性和可约束的。

1907年的经济危机之后，国会通过了《联邦储备法》，以"帮助建立联邦储备银行以提供有弹性的通货"。1913年，威尔逊总统向国会提交提案，希望通过一项法案来限定资本家控制金融的权力。摆在美国人面前最现实的问题就是建立一个新的中央银行。这时，一位叫保罗·沃伯格的天才银行家提出了一个关于集权与平衡的中央银行方案，他巧妙地提出"国会控制美联储，总统任命理事会成员"的原则，展示了一个"总统任命，国会审核，独立人士任董事，银行家做顾问"的绝妙设计。美联储作为执行联邦货币金融政策的中央银行，由12家私有银行组成的理事会经营，同时，它的组织结构、重大决策还要接受国会的监督，以防私人利益和公共利益的冲突！

美联储总部大楼

联邦储备系统第一次发挥调控货币供给量的作用是在第一次世界大战结束后的十年里。当时被任命为美联储纽约银行董事会主席的斯特朗就明确表示："联邦储备系统的建立就是给美国的经济设了一道防火墙，它能预防货币危机的出现。即便货币危机出现，我们也不必惊慌，因为它还赐予了我们靠发行货币解决问题的手段。"第二次世界大战结束之后，美国政府对美联储的依赖越来越大。经过几十年的实践，美联储在调控经济中的作用越发突出和显要。在美联储主席保罗·沃尔克的努力下，20世纪80年代的美国经济实现了软着陆。继沃尔克之后，在阿兰·格林斯潘的带领下，美联储在防止经济萧条、股市崩盘方面发挥了巨大作用，美国经济在20世纪90年代恢复了繁荣。

今天，美联储已经是世界上最有影响力的金融决策机构，它的任何货币政策动向都能引起全球金融市场的波动，特别是在当前美元称霸全球的国际货币体系内，被赋予唯一美元发行权的美联储更是拥有无可估量的力量。甚至偏激的阴谋论者认为，美联储是由12个金融寡头控制的一个超级精英联盟，这个联盟以美联储为金源控制美国政府，"挟天子以令诸侯"，进而左右全球局势，达成他们不可思议的野心。货币，就是他们的武器。

无论如何，对美联储的所有解读和传言都有一个共同点，那就是从没有人质疑它的影响力，因为它的影响已经无所不在了！

20　　　　　　　　他年我若为金帝

◇ ┈┈┈┈┈┈┈

通往霸权的路上，不是你死就是我亡！

1941年初，伟大的法兰西已经倒在阿道夫·希特勒的剑锋之下，大英帝国的首都伦敦正在德国空军的炮火下煎熬，苏联的疆土上即将布满德意志的装甲战车。欧洲大陆硝烟弥漫、血雨腥风，大英帝国炮火隆隆、岌岌可危。此时，地球的另一端，哈佛大学教授、美国财政部长摩根索的首席经济顾问怀特先生正在办公室一边抽着雪茄一边起草一份让罗斯福总统拍桌子叫好的草案——"怀特计划"。

1944年6月，盟军于诺曼底登陆开辟欧洲第二战场。而东线，苏联逐步由战略相持阶段过渡到战略反攻阶段，轴心国节节败退，德国的失败只是时间问题。1944年7月，美国邀请45国政府的代表齐聚美国新罕布什尔州布雷顿森林举行会议，商讨战后建立新的国际货币制度和金融制度以及战后的重建工作。在这次会议上英国和美国打响了一场没有硝烟的战争。

英国政府代表团的代表凯恩斯鉴于两次世界大战使得英国黄金储备严重下降，提出"凯恩斯计划"，试图通过建立一种不过分重视黄金为基础的货币体系，同时强调债权国不能干预债务国的各项政策，从而压制急速崛起的美国，以取得和美国平起平坐的经济地位。而美国早在几年前就已经制定好了一套详细的方案——怀特计划，美国站在债权国的立场出发，希望对贸易限制、贸易差别待遇、过分自由地使用国际信贷等采取措施。针对这两个计划，英美之间发生了激烈的争论。大国之交，拼的是实力。此时的美国已经成为资本主义世界最大的债权国和经济实力最雄厚的国家，工业产品占世界总额的一半以上，对外贸易占世界贸易总额的1/3，黄金储备高达200亿美元，约占资本主义世界黄金储备的60%。美国在经济、军事和政治上都取得了极大的成功，此时的英国已经没有能力撑起往日的辉煌和荣耀。实力决定成败，经过激烈讨论，英国败下阵来。新的经济格局依照怀特计划逐步展开，由于本次会议在布雷顿森林召开，这次会议所建立的新的经济秩序被称为"布雷顿森林体系"。

布雷顿森林体系主要内容有：

第一，建立国际货币基金组织和世界银行两大国际金融机构，通过国际金融机构的组织、协调和监督，保证统一的国际黄金汇兑本位制各项原则、措施的推行。

第二，美元与黄金直接挂钩，一盎司的黄金等于35美元，也就是说一美元的含金量为0.888671克黄金。各国政府或中央银行可以直接用所持有的美元向美国兑换黄金。为使黄金价格不受自由市场金价冲击，各国政府需协同美国政府在国际金融市场上维持这一黄金价格。

第三，其他国家货币与美元挂钩，其他国家政府规定各自货币的含金量，通过含金量的比例确定同美元的汇率。

第四，实行可调整的固定汇率，各国货币对美元的汇率在法定汇率上下各1%的幅度内波动。各国政府有义务在外汇市场上进行干预，以维持汇率的稳定。

布雷顿森林体系的建立给美国带来了巨大的利益。美元与黄金直接挂钩使得美元成为硬通货，各国货币与美元挂钩，国际结算通过美元进行。这样，各国外汇都需要储备美元，一旦发生通货膨胀，持有美元的国家就会为此承担大量损失。布雷顿森林体系的建立使得美国成为资本主义国家的霸主，他可以在国际政治中联合众多盟友对竞争者进行压制。美国通过控制国际货币基金组织和世界银行可以达到自己的经济、政治目的，为自身谋取利益。第二次世界大战后美国的黄金储备甚至一度超过70%。

不过凡事有利皆有弊。1960年，美国耶鲁大学教授特里芬在其著作《黄金与美元危机》中提出了有名的"特里芬悖论"。特里芬指出布雷顿森林体系存在着其自身无法克服的内在矛盾："由于美元与黄金挂钩，而其他国家的货币与美元挂钩，美元虽然因此而取得了国际核心货币的地位，但是各国为了发展国际贸易，必须用美元作为结算与储备货币，这样就会导致流出美国的货币在海外不断沉淀，对美国来说就会发生长期贸易逆差；而美元作为国际货币核心的前提是必须保持美元币值稳定与坚挺，这又要求美国必须是一个长期贸易顺差国。这两个要求互相矛盾，因此是一个悖论。"此外，美元与黄金直接挂钩提高了美元的国际地位，美元可以作为外汇储备，但是它同时需要承担汇兑义务。当其他国家持有的美元过多同时对美元产生信任危机时，该国会要求把美元兑换黄金，如果兑换的美元量很大时，美元与黄金的固定比例就不可能继续维持。汇率浮动幅度需保持在1%以内，使得汇率缺乏弹性，限制了汇率对国际收支的调节作用。如果国际收支差额比较大，美国增加美元印刷和输出，受汇率幅度限制，这些国家会蒙受巨大损失。

1950年以后，西欧经济逐渐复苏。美欧之间的直接贸易，除极个别年份，美国都保持比较大的逆差，美国黄金储备逐渐减少。随后，在20世纪六七十年代，美国又深陷越南战争中，战争耗费了巨额财富。受战争影响，美元的信誉也随之降低，美元危机频繁爆发，各国纷纷将手中的美元兑换成黄金，美国黄金储量进一步减少。据统计，1968年3月的半个月中，美国黄金储备流出了14亿多美元，仅3月14日一天，伦敦黄金市场的成交量达到了350～400吨的破纪录数字。1971年，美国的黄金储备（102.1亿美元）是它对外流动负债（678亿美元）的15.05%。美国完全丧失了承担美元对外兑换黄金的能力。1971年12月，美国政府决定美元对黄金贬值，美联储拒绝向国外中央银行出售黄金。至此，美元与黄金挂钩的体制名存实亡。1973年3月，西欧各国大量抛售美元，抢购黄金和马克，主要西方国家的货币实行了对美元的浮动汇率，固定汇率制度被取消。随着美元对黄金挂钩被解除以及固定汇率制度被取消，布雷顿森林体系彻底瓦解。

随着布雷顿森林体系的崩溃，美元的地位也大不如前，但这远远没有撼动美元的霸主地位。在各国外汇储备中仍然以美元作为主要货币，国际结算也以美元为主。美国不断增发货币使得美元贬值，而全世界持有美元的国家都在为此买单。例如20世纪80年代美国经济取得了高度繁荣和低通胀的经济奇迹，很大一部分原因在于他所增发的货币中有一大半都转移流通到了当时发展比较快的国家，像亚洲四小龙、中国以及一些石油输出国家，这些国家将美国输出的大量外汇纳入囊中，为美国减轻通货膨胀做出了重大的贡献。

欧元的发展曾经势头猛烈，大有和美元一决雌雄的气势。然而，在2008年，美国一次次贷危机就引发了全球性的金融危机。欧洲经济受到严重的冲击，甚至在希腊危机之后欧元前景堪忧，至今一蹶不振。美国在次贷危机之后大量开动印钞机，大把大把的钞票被印刷好流入市场，中国由于持有大量的美元作为外汇，人民币对美元的汇率从一比八点几降到一比六点几，使得我国外汇严重缩水，人民辛勤劳动的财富在无形中就被榨取。

作为人民币，虽然在近年国际地位有所提升，但和美元差距还很遥远，要想撼动美元的霸主地位，还有一段漫长而艰辛的路要走。

21　　　　　　　南北车书一混同

◇⋯⋯⋯⋯⋯

　　第二次世界大战留下一个满目疮痍、破坏严重的欧洲，像柏林、华沙这样的大城市已经被彻底摧毁，成为一片废墟，其他的如伦敦、鹿特丹等城市也在轮番的炮火中面目全非。这次的全面战争使欧洲受到了实质性的打击，交通隔绝，饥荒，数百万人无家可归，战争结束数年之后，经济都没能达到战前水平。而在安全上，资本主义的欧洲直面来自东部社会主义苏联的威胁，波兰、东德等国家的社会主义化让整个资本主义世界对脆弱的欧洲多了一层忧虑。

　　在这种背景下，为了抵抗苏联的影响力，一个强大的欧洲符合执资本主义牛耳的美国的利益。于是，在1947年，美国启动援助欧洲战后重建的"马歇尔计划"，在接下来的四年间，投入了包括资金、物资和技术等各种形式的援助共计130亿美元。欧洲在1948年到 1952 年间迎来了一个发展的高峰期，经济迅速恢复到了战前水平。

发展迅速的欧洲各国之间经济联系相当密切，各种资源流动日益频繁，但在强大的美国经济和强势崛起的日本经济的竞争下，各国还是面临着很大的压力。美国援助者和欧洲领导者都认为各自为战的欧洲力量不够强大，容易让社会主义苏联逐个地扩张演变，所以一个统一的欧洲联盟的设想在不同场合被提了出来。而美国以经济建设为名，在各项援助面前夹带着自家的政治条件，希望加强对欧洲的政治影响力，这一点也让欧洲国家警觉。再加上欧洲国家本来就有类似的文化起源，和平主义思潮也在欧洲社会有着很大的影响，这就有了融为一体的社会基础。在各种因素作用下，组建一个区域性超国家联盟的设想慢慢成形了。

1951 年，由法国、意大利、联邦德国、荷兰、比利时、卢森堡六国组成的欧洲煤钢共同体（欧洲煤钢联营）成立；1958 年，欧洲经济共同体、欧洲原子能共同体成立；1967 年，总部在比利时的布鲁塞尔的欧洲共同体成立；1991 年，原欧洲共同体 12 国签署《马斯特里赫特条约》，包括《欧洲经济与货币联盟条约》和《政治联盟条约》；1993 年，《马斯特里赫特条约》生效，欧盟（EU）成立；1999 年，欧盟的统一货币欧元正式发行；2002 年，15 个国家欧元正式流通。

至此，欧洲建成了人类历史上仅有的一体化区域性大联盟，提高了欧洲各国的竞争力，从此，欧盟成为世界多极化趋势中的重要一极，在全球政治经济事务中发挥着重要作用。

欧盟建立历程的一个闪光点就是欧元的流通。在此之前，一个国家放弃自己的货币、改变自己的货币政策——例如财政赤字、通胀水平、负债率、利率等——来适应区域的要求是不可能的，但欧盟让这一切变成了现实。区域内建立一种统一的货币，由欧洲中央银行和各欧元区国家的中央银行组成的欧洲中央银行系统负责管理，总部坐落于德国法兰克福的欧洲中央银行有独立制定货币政策的权力，欧元区国家的中央银行参与欧元纸币和欧元硬币的印刷、铸造与发行，并负责欧元区支付系统的运作。除瑞典、英国、丹麦外，主要的欧盟国家及其海外属国都使用欧元，甚至一些非欧盟国家，比如北非的摩纳哥、南欧的梵蒂冈之前使用的是法郎和意大利里拉，至此也采用欧元。欧元已经是23个国家和地区的官方货币，有28个国家和地区的官方货币的汇率与欧元挂钩。2002年12月，朝鲜用欧元代替美元作为对外流通和结算的主要货币，在大部分黑市和以前使用美元的商店，美元也被欧元取代。

欧洲中央银行

如同人民币的代码是CHY，美元的代码是USD，欧元的国际三字母代码为EUR。其符号为特别设计的欧元符（€），由民意调查从十个设计方案中选出两个，提交欧洲委员会选出最终设计。欧洲委员会宣称这一符号是"代表欧洲文明的希腊字母epsilon E，代表欧洲的E，与代表欧元稳定性的横画的平行线的组合"。有趣的是，其设计者、卢森堡书画家艾森门格尔坦言自己在1974年设计这一标志符号时，根本没有考虑到将来欧元的稳定性，所以这也可以理解为带有美好希望的主观艺术解读。

所有的欧元硬币的正面都是相同的，标有硬币的面值，称为"共同面（common side）"，而硬币背面的图案则是由发行国自行设计的（national side）。君主立宪制国家常常使用他们君主的头像，其他的国家通常用他们国家的象征。硬币可以在所有地区使用，比如铸有西班牙国王头像的硬币在除了西班牙以外的使用欧元的国家也是法定货币。欧元硬币一共有8种，虽然1欧分和2欧分的硬币一般不在芬兰和荷兰使用，但仍然是法定货币。

每种面额的欧元纸币的设计在各国都是一样的。欧元纸币一共有5、10、20、50、100、200、500欧元7种面额，尽管大面额的纸币在某些国家并不发行，但仍然是法定货币。欧元图案是由欧洲货币局公开征集并于1996年12月13日最终确定的，奥地利纸币设计家罗伯特·卡利纳的方案被采用，按照卡利纳的方案，纸币面值越大，相应的面积也越大。各种纸币正面图案的主要组成部分是门和窗，象征着合作和坦诚精神；12颗星围成一个圆圈，象征欧盟各国和谐地生活在欧洲。纸币的反面是桥梁的图案，象征欧洲国家之间以及欧洲与世界的联系与沟通。各种门、窗、桥梁图案分别代表七个不同时期的欧洲文化历史，币值从小到大依次为古典派、浪漫派、哥特式、文艺复兴式、巴洛克式和洛可可式、铁式和玻璃式、现代派建筑风格。欧元区内各国印制的欧元纸币，正面、背面图案均相同，纸币上没有任何国家标志，钞票上印有欧盟的旗帜和版图，用欧盟的5种官方语言来表示欧洲中央银行的缩写字样，以及中央银行行长的签名。

欧元纸币

欧元的使用对欧洲国家和世界货币格局有着深远的意义。欧盟国家贸易额的60%以上都在本区域内，统一的欧元流通使欧盟的经济联系更加紧密，极大地强化了欧盟的竞争优势，从此，欧盟形成了全球最大的统一经济体，欧元和美元、日元三强并立，欧元也成了构成国际储备的主要货币，在国际上的影响范围日益扩大。

欧盟是高度统一的一体化区域集团，在欧元流通之前，整个欧盟各国面对国际金融危机都是各自为政，各国对金融冲击的承受力参差不齐，区域内部国家不一致的汇率波动和利率政策都容易引发内部混乱。欧元作为统一货币使用后，一致的货币政策和相互援助的现实义务，都有助于提高欧盟抗击金融风险的能力。

统一的欧元节省了欧盟各国本币汇兑的经济与时间成本，国与国之间的交易不再需要烦琐的汇兑，每年直接节省300亿美元的手续费用，降低了交易成本。同时，单一的货币带来了无差别的内部市场，有利于刺激消费和改善内部投资环境，促使欧盟经济的良性持续发展。

欧元使欧洲经济更加稳固，但毕竟每个国家都是从个体利益出发，要团结它们向着公共利益的目标前进，谈何容易！所以欧元区远非铁板一块，欧元的设计和执行也有很大的漏洞，它经受起了外部的考验，享受着"一荣俱荣"的成果，可是堡垒都是从内部攻破的，当内部的短板暴露缺陷时，它也"一损俱损"地陷入了危机。

2001年，希腊希望加入欧盟，而它5.2%的财政赤字显然远高于欧盟设定的低于3%的加盟标准。但希腊却有自己的办法，它找到美国的高盛银行帮自己处理账务，不惜以伪造材料的手段，掩盖账面上的10亿欧元债务，然后以符合条件的姿态，顺利进入欧盟。

希腊成为欧盟国家后，财务状况并没有得到改善，政府财政收入低迷，财政支出扩大，赤字愈演愈烈，最后只能以扩大发行国债勉强维持。一旦外界知悉了真实的财政状况，停止购买希腊国债，希腊政府立即会陷入资金链断裂的困境，面临破产。希腊发行的债务规模越来越大，欧盟内部成员国及银行作为债权人都被迫承担了这种风险，而一旦风险扩散开，整个欧盟的金融和经济都面临着危机，欧元随时可能崩溃。

最后，又是华尔街的资本家烧着了关键的一把火，针对欧元的

　　金融投机引爆了希腊国债危机，希腊债券形同废纸。这把火依次又烧到了冰岛、西班牙、爱尔兰、葡萄牙、意大利，欧元区面临着严峻的挑战。

　　这个时候，各国政治家和民众都在讨论两个问题：救助和退出，欧盟在经过一番讨价还价之后，推出了7500亿欧元的市场救助方案，希腊等国也过上了节俭用度、紧缩财政的日子；同时，各种悲观的言论甚嚣尘上，关于退出欧元区、甚至欧元区解体的传言占据了各处评论，所有人都对欧元的命运提出了质疑。

　　欧债危机最终在各方的博弈和合作中暂时被压制，但是下一次危机还会不会爆发、什么时候爆发，现在谁都不知道。但有一点是肯定的，那就是也许是欧元区制度的缺陷导致了这次危机，可是在处理危机时，整个欧元区在德法两国的领导下展现了巨大的能量，蔓延到整个经济体的危机也能被这股能量压制。

　　欧元是人类现代化历史上的一个伟大尝试，它率先打破国与国的界限，通过一种统一货币创造性地将数十个国家融为一体。尽管它还有很多问题，但它本身在每一次危机中的进化都宣告了它的模式本身的成功。也许随着全球化的推进，欧元模式就是全球各种复杂地缘现状的解决方向，到那时，和平和发展才真正成为时代的主题，人类文明必将进入一个新的层次。这也许就是作为欧元政治载体的欧盟2012年被赋予诺贝尔和平奖的原因！

22　　　　　无招还终胜有招

◇————

　　金庸先生的名作《倚天屠龙记》中有一个张无忌学太极剑的片段，非常经典。张三丰教张无忌太极剑，每教完一遍就问张无忌还记得多少，张无忌本来天分颇高，这时却每学一遍就多忘一分。旁人都将这些招式看在眼里，偏偏张无忌学了数遍之后说："全忘啦！"直惹得敌方叫好、己方叫苦。张三丰见张无忌全忘了，不怒反喜，让张无忌去和蒙古高手过招，招招都与张三丰教的神似而形非，却招招都精妙至极。原来张三丰传授张无忌的，是太极的剑意，理解了它的精髓，招式只是运用的工具而已。忘了招式，也就是忘了形式，得其精髓，也就是继承了它的实质，然后运用之妙存乎一心，无招终究是更高的境界。

　　这个道理与货币的进化演进也是相通的。我们知道，货币就是一种信用，从谷帛、海贝到金属，再到纸币、电子货币，信用越来越发达，所需要的支付方式越来越简单，作为支付工具的货币也越趋向"大象无形"的境界。

中国的纸币最早可以追溯到唐朝，西方最早的纸币是由17世纪英国英格兰银行发行的。纸币相对于贵重的金、银、铜是货币本身使用价值的大缩水，这是货币形式的一次变革，但却是信用本质应用的一大飞跃，从此不用再背着沉甸甸的钱包，只需要怀揣几张纸就能潇洒走天涯。

不论东方还是西方，纸币刚发行的时候都不叫钞票，而叫票据，就是有价凭证。现在的钞票也是这样一种信用凭证，但在当时，你可以拿着纸币随时兑换成贵金属——金、银块（币）或者铜钱，而现在拿现钞去银行换黄金是一种购买行为，意义不同。为什么呢？因为现在不再实行金银本位了，纸币就是纸币，它的价值不在于它绑定了什么，而在于它承载了什么——它是发行机构以国家名义发行的，政府的信用和强力手段保证它在一个相当长的时期内有较稳定的价值，这就是颠扑不破的信用本质。所以越发展到后来，纸币越精致、越体现技术含量，比如现在的人民币入水不烂、揉搓不损、有十种专业的防伪方式，纸币本身这样受重视是因为它本身就是价值的聚焦。

票据与纸币一样承载信用，但使用形式与纸币不同。票据多是在商业上使用，交易金额一般较大，种类多样，需要以定式的格式填写，主要有支票、本票、汇票等。

票据如何使用呢？这里举几个例子。甲在银行存有100万，他要支付给生意伙伴乙50万，甲开立一张支票，让银行向持票人乙付钱，这就是支票，如果甲只存有100万，支票金额却有110万，那么这张支票就叫空头支票；甲和乙做生意，买了乙一批100万的货物，给乙开立一张票据，写明甲保证在60天之后，向乙或者乙指定的持票人无条件支付100万，这就是本票；甲购买乙一批价值100万的货物，乙开立一张票据，命令甲在60天之后向乙或者乙指定的持票人无条件支付100万，这就是汇票。

票据多用于商业支付，而且步骤烦琐；纸币又总免不了丢失、找零过程，大量携带也不方便。进入电子时代以后，货币的又一次革新开始了，以信用为核心，有形化无形，不再使用交付实体，直接采用电子记账。近年来，电子货币渐渐地有成为支付主流的趋势。

电子货币，是以互联网或者电子通信技术为基础的货币形式，它的主要特征就是数字化。你的钱已经没有了实体，变成了一个账户上的数字，这个数字或者有一个承载它的工具（比如银行卡），或者只是一串加密的字符（比如网银），货币增加或者减少，只是这个账户上数字的增减变动。这种货币形态更接近信用的本质，已经不再需要什么来建立对利益损益的信任，只需要一个虚拟的量即可，所有的人都相信这样一个以信用为核心、以技术为基础的系统能公平有效地运行，相信到人们会用他们口袋里真实的钞票去做这样一个现实与虚拟的转换。

电子货币按照支付方式可以分为储值卡、信用卡、电子支票、电子现金、电子钱包等，每一种都有着相当广泛的应用基础。

储值卡，有很强实用性的IC卡或磁卡，存储一定货币量之后，在特定支付场合可以替代现金使用。比如公交卡，存入一笔钱之后，它本身就是钱，在乘坐公共交通工具的时候行使的是和货币一样的功能。

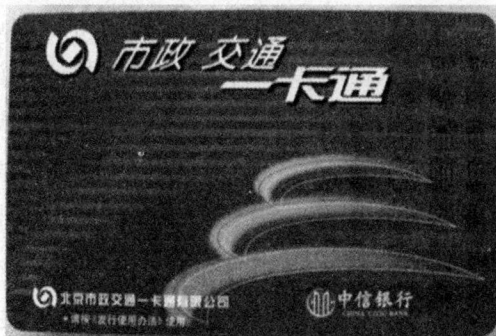

公交卡

信用卡，银行或者专门的发行公司办理的一种信用凭证，可以凭借个人身份信息建立的原始信用直接进行一定额度的免息借贷，消费的过程即是借贷的过程。简单说，就是用你的身份信息办了信用卡之后，你这个人就有了一个信用记录，信用卡公司就可以据此无息贷款给你了，贷款的方式就是利用信用卡支付时可以进行有限度的透支，甚至在你的信用卡里一分钱都没有的时候，你也可以惬意地享受购物的快感，只要限期内手头宽裕的时候还上就行了。面对"信用"这样的"软约束"，如果透支后不及时还款会怎么样呢？首先是你会有个人信用记录的污点，以后当你需要贷款或者再办理信用卡时会很困难；打定主意不还钱的，只需透支超过1000元，银行就可以向法院提起诉讼，经法院批准冻结你的银行存款。事实上，这是一个相当聪明的设计，融合了支付和信贷，将消费和金融业务紧密结合，便利之极，所以信用卡的发展非常快。

电子支票，通过计算机通信网络安全移动存款以完成结算的电子支付方法。无论个人或企业，负有债务的一方，签发数字支票或其他数字票据，交给有债权的一方，以结清债务，约定的日期到来时，持票人将数字票据提交给付款人，即可领取现金。简单来说，电子支票就是支票的电子版，汇款人填写好内容后，通过电子邮件发送给收款人，收款人通过电子签名确认收到的信息无误，然后将电子支票发送给银行，将款项存入自己的账户。电子支票运作方式与纸质支票相似，却更为简单灵活，适用于大额的商业结算业务。

电子现金是一种用电子形式模拟现金的不记名支付技术，它可以被看作是现实货币的电子或数字模拟。电子现金以数字信息形式存在，涉及用户、商家和银行三个主体，通过互联网流通，但比现实货币更加方便、经济，为小额在线交易提供快捷与方便。说直白一点，其实就是一张金融IC卡，开通了一个电子现金账户，账户上限是1000元，和现金一样不记名不挂失，使用的时候在支付的POS机上直接刷一下，就和刷公交卡一样，无需输入密码，支付过程已经完成。

电子钱包是指在银行开有账户的顾客将有关的应用软件安装到电子商务服务器上，利用电子钱包服务系统就可以把自己的各种电子货币或电子金融卡上的数据输入进去。在发生收、付款时，如果顾客要用电子信用卡付款，例如用VISA卡或者Master Card卡等收付款时，顾客只要单击一下相应项目（或相应图标）即可完成。银行为客户开立一个电子账户，客户下载一个手机或者电脑客户端，以电子现金或者银行卡、信用卡等支付，其实这个过程类似于支付宝的使用流程：下载一个支付宝客户端，转入指定银行卡中的钱，付款时用支付宝中转入的钱支付，支付宝在这其中就是一个暂时中转电子货币的"钱包"。

电子货币源于电子商务的发展，它在中国迅速扩张，革命性地创造了一个非现金支付的时代，展现了货币进化的未来趋势。国内银行卡的发卡机构到目前为止有近200家，而电子货币发行机构共有300余家，主要是非金融机构，这种新的模式产生后，对我们国家整个社会和经济产生了一系列影响，其中最大的影响就是中央银行货币发行的垄断权受到了巨大冲击。随着经济的快速发展，整个社会的支付量每年都在成倍增长，对我国货币金融体系的结构改变与重塑必将产生深远的意义。

随着计算机和网络通信技术的迅猛发展，互联网引发了一个新的市场的出现，这个市场就是基于网络空间的虚拟市场，并与之相呼应地打造了网络虚拟货币。虚拟货币并不是真的货币，只是基于一种虚拟体验的现实营销，它不同于一般等价物，它的形式是现实货币转化的虚拟数据，它的信用源于特定群体信任的信用主体，它的价值只在特殊的载体和特殊的经济行为中才能体现出来。随着计算机技术的普及化，这种价值的应用空间也开始扩张，逐渐有了稳健而现实的意义。

虚拟货币可以分为三大类：

第一类是大家熟悉的游戏币。自从互联网建立起门户和社区、实现游戏联网以来，游戏开发商将买卖融入其中，各项技能、各种武器商品化，让玩家在竞争中购买，虚拟货币形成了"金融市场"，玩家之间可以交易游戏币。

第二类是门户网站或者即时通信工具服务商发行的专用货币，用于购买本网站内的服务。现在的中国，几乎每一个网民都有专用QQ，QQ上庞大的社交群体让它显得必不可少，腾讯公司发行的Q币，迎合了人们个性化的心理需要，会员资格、QQ秀等增值服务有广泛的市场基础。

第三类互联网上的虚拟货币，如比特币（BTC）、莱特币（LTC）等。比特币是一种由开源的P2P软件产生的电子货币，也有人将比特币意译为"比特金"，是一种网络虚拟货币。主要用于互联网金融投资，也可以作为新式货币直接在生活中使用。

比特币

2013年11月29日，中国的比特币市场走上巅峰，在舆论的争相报道下，国内的比特币玩家引领比特币的价格突破1200美元大关，一枚比特币甚至已经接近一盎司黄金的价格。这就是虚拟货币的威力，随着人们对互联网经济的依赖越来越大，虚拟货币必将显示另一种超现实的货币价值形式，这里必将又是一个会下金蛋的市场。

由有形而无形，以无招胜有招，这是我们所处时代对货币的要求。信用越发达，越是一种玄妙的存在，就像空气——混沌初开的时候，你能触摸和目睹它的存在；天清地明之后，它还是和以前一样存在，你也知道它的存在，可是既感触不到它，也看不见它，但也正因为无形，混沌不再混沌，这个世界简单明了多了，我们已能看到更远的地方！

23　郁金香以美杀人

◇┈┈┈┈┈

　　美好事物的产生总伴随着美丽的传说，身为花中极品的郁金香也不例外。关于郁金香的由来，在荷兰流传着这样一个广为人知的传说：在古代，有三位勇士同时爱上了一位美丽的少女，三位勇士为了向他表达爱意，一位送给她一块黄金，一位送给她一顶皇冠，一位送给她一把宝剑。可是这位少女对三位勇士都不钟情，于是向花神祈祷。花神最后将这三件宝物变成了一枝花。皇冠是花身，宝剑是绿叶，黄金变成了球茎，这花就是郁金香。因而，郁金香同时象征着

郁金香

黄金的美好、皇冠的华贵和宝剑的庄严。在荷兰，情人节的时候情侣们除了送玫瑰，郁金香也是很好的选择。

郁金香自16世纪被引入欧洲就芳名远播，然而，就是这样一种美丽的花朵却在荷兰乃至世界引发了一场大的骚乱——郁金香泡沫。

郁金香是在1593年从土耳其传入荷兰的，在她刚刚进入荷兰就受到了异常的青睐。人们迫切地渴望得到这种神奇的植物，以拥有郁金香为莫大的荣耀。在当时，如果哪位有钱人家里没有收集这种特殊植物的话，客人一定会嘲笑主人的品位低下。甚至有人说"没有郁金香的富翁也不算真正的富有"。人们为了获得郁金香不惜一掷千金，富人们不断地攀比自己所获得的各种稀有品种，甚至为了确保自己品种的稀缺性而做出惊人之举。据说，有一位富翁培育出了当时独一无二的一株郁金香，这种郁金香在整个荷兰只有一株。后来听说有个小园丁也培育出了一株，于是他找到那位园丁花重金买下了那株花，当着园丁的面，他把郁金香狠狠地摔在地上，踩成了烂泥。这种对郁金香的狂热不仅仅出现在富人中间，绝大多数中产阶级也为拥有一株稀有品种的郁金香而自豪。他们相互攀比各自品种的稀有性，以及他们为此付出了多么昂贵的代价。人们对郁金香的狂热引发了巨大的消费需求，同时为了满足这种需求也付出了高昂的代价。

1634年以后，这种对郁金香的狂热之风席卷了整个荷兰，人们丢下了手头的工作，将工业生产抛诸脑后，就连社会底层的民众也热情似火地投入郁金香的交易之中。此时，很多人对郁金香的狂热不再单纯地停留在消费需求和攀比上了，他们更多的是希望在郁金香买卖的过程中能够分一杯羹。富人想要更加富有，中产阶级想要跻身富人的行列，穷人想要一夜暴富。这就使得原本单纯的消费需求变成了强劲的投机需求，当然，这个转变经历了一个逐渐的过程。

由于郁金香的培植有一个时间周期，而当时市场上培育的郁金香已经远远满足不了这种投机需求。于是，在1634年底，郁金香商人们逐渐组织了一些类似产业行会的组织，他们通过这些行会组织基本控制了郁金香的交易市场。这些产业行会组织有点类似于股票交易所，只要参与郁金香买卖的商人必须向郁金香产业行会缴纳一笔费用。因为需求强劲，人们普遍认为郁金香的价格会上涨，而市场上已有的郁金香不能满足交易需要，于是郁金香商人开始采用期货合同这一金融市场惯用的手段。所谓期货合同，是指交易双方不必在买卖发生的时候就交收实货，而是共同约定在未来的某一特定的时间交收实货。期货合同适用在郁金香买卖上，则是郁金香买卖双方签订一个合同，规定在一定时间后，比如说半年后，买方以一定价格购买卖方提供的某一种品种的郁金香，到期必须按照约定好的价格执行交易。到了1636年，为了方便郁金香交易商快捷地进行交易，人们在阿姆斯特丹的证券交易所直接开设了固定的郁金香交易市场。

在当时，人们对于郁金香这种神奇植物有着狂热的信心，谁也没有意识到这个价格有什么不对。为了获得暴利，即便非常聪明的人，也都跟随着这个盲目的群体不断交易。对于此事，当时有一位历史学家生动地描述道："谁都相信，郁金香热将永远持续下去，世界各地的有钱人都会向荷兰发出订单，无论什么样的价格都会有人付账。在受到如此恩惠的荷兰，贫困将会一去不复返。无论是贵族、市民、农民，还是工匠、船夫、随从、伙计，甚至是扫烟囱的工人和旧衣服店里的老妇，都加入了郁金香的投机。无论处在哪个阶层，人们都将财产变换成现金，投资于这种花卉。"人们热衷于这种投机，当然市场也让很多人一夜暴富，成为名副其实的大富翁。郁金香价格也上涨到骇人听闻的水平，特别是针对一些比较稀有的品种。当时一些比较稀有的品种一株卖价在三四千弗罗林都是很普遍的，拿郁金香王国中最最稀有珍贵的品种"永远的奥古斯都"为例，这种郁金香在1635年就卖出5500弗罗林一株的高价，而在1637年，一株"永远的奥古斯都"可以卖到6700弗罗林。也许你对这个价格概念比较模糊，不清楚这样一笔钱到底代表多少财富。下面我来简要介绍一下当时这些钱在荷兰社会中的购买力。

各种在商品当时的价格

商品名称	价格（弗罗林）
2拉斯特（last，车厢）小麦	448
4拉斯特黑麦	558
4头肥壮的家牛	480
8口肥猪	240
12只肥羊	120
2（大）桶果酒	70
4（大）桶啤酒	32
2（大）桶黄油	192
1000盎司奶酪	120
一整套床具	100
一整套衣服	80
一副银酒杯	60
总计	2500

注：上表摘自查尔斯·马凯的《惊人的幻觉和大众的疯狂》。

从上表可以初步看出五六千弗罗林是一笔多么巨额的财富。另外，据统计，当时荷兰人的平均年收入也只有150弗罗林，也就是说，对于大多数中下层的荷兰人而言，这也许是他们一辈子辛勤劳动也赚不到的巨额财富。

作为郁金香王国中的"永远的奥古斯都"，它的价值也要看是在谁的手中。在有的人眼中，它价值连城；在有的人看来，它却再普通不过。在郁金香历史上流传着一个广为人知的非常有趣的故事。据说有一个水手由于偶然的机会给一个富商带去了一个极好的代销商品的机会，水手到富商那里时，富商为了表达对水手的感谢，为他准备了一条美味的红鲱鱼作为早餐。水手拿着鲱鱼经过大厅时，看到到处都是精美的商品，在这些精美昂贵的商品中间，有一个像洋葱头的球茎摆在显眼的地方。水手的第一反应是谁把洋葱头放错地方了，于是顺手拿走了这根"洋葱头"准备当他美味早餐的佐料。接着他就到码头边去享受他的美味早餐了。富商过来整理货物时发现他那颗价值连城的郁金香球茎"永远的奥古斯都"不见了，富商把整个货物找了个底朝天也没发现。最后在码头发现水手在码头悠闲的把"永远的奥古斯都"当洋葱头啃了个精光。姑且不论故事的真假，这位水手这顿早餐确实昂贵，可是对于他自己，并没带来多大的满足，甚至口感还比不上真正的洋葱头。

郁金香投机者不仅进行着频繁的现货交易，还不断地买进和卖出针对郁金香的期货合同，每一次转手都使得郁金香的价格更上一层楼，在1636年，投机商们已经把1637年将生产出的郁金香都进行了交易。针对郁金香的投机活动在1636年底愈演愈烈，由于郁金香交易者的频繁投机活动，郁金香的价格飞速上涨。不仅稀有品种的价格被抬高，最普通的郁金香价格也持续上涨。到了1637年1月

　　到2月，投机者们对于郁金香的投机活动到达高潮。在短短的一个月的时间里面，郁金香的价格上涨了十几倍，有的稀有品种价格涨幅竟然达到几十倍。整个市场形势一片大好，在荷兰，几乎所有的人都投入到了投机郁金香的狂潮中来，市场还吸引了欧洲大部分国家的富翁们。他们将亮闪闪的金币投入进来，期望在不久的将来收获更多的成果。整个市场中流动着大把大把的钱，大量的财富流入投资者的腰包。然而，到了最后，一些比较谨慎的人开始考虑此时郁金香的价格是否已经涨得太高了、人们对于郁金香的狂热是否会持续下去，这些人私底下不再囤积郁金香，而是将手头的郁金香尽可能在一个相对比较满意的价格转手出去。当越来越多的人意识到这一点的时候，他们开始恐惧，于是大量抛售手中的郁金香，这时没有人愿意接收这个烫手山芋。当初人们对于郁金香所抱有的信心完全丧失了，巨大的恐慌压在每一个持有郁金香的投机者身上。郁金香的价格犹如瀑布一样，一下子从崖顶落入了谷底，当时价值连城的郁金香球茎甚至比不上洋葱头。价格的猛跌又使得人们更不愿意接手郁金香。而对于一些签订好了的郁金香期货合同，买方也不愿意以约定的价格去执行合同，因此，违约事件层出不穷，政府已经不能用法律来约束郁金香商人去执行合同。在1637年4月，荷兰政府不得不要求终止所有的合同并禁止对郁金香的投机交易。

　　也许就像是前面提到的那个传说中说的，郁金香由黄金、皇冠、宝剑组成，它包含着财富。当人们对财富的欲望不断地膨胀时，就会丧失他们的理智。他们不管这个价格与原来的商品是否相符，他们只想在这个市场中攫取更多。他们不断地期待会有一个大笨蛋用更高的价格来接手他们的东西。他们的欲望如此强烈，他们的期待如此迫切，他们睁着血红的双眼如此贪婪地盯着这个市场，以至于他们相信还会有那么个笨蛋给他们的愚蠢买单。最后，接力棒落到了他们自己手中，欲望和贪婪让他们成了最后的大笨蛋！

郁金香，她是天神美丽的礼物，她是爱情完美的宣言，她端庄美丽纯洁无瑕。她一出现就抓住了人们的眼球，让人为之盲目为之癫狂。她甚至像一朵漂亮的毒蘑菇，杀人于无形。啊，可爱的郁金香，是这样的吗？不，是人们欲望的膨胀吹起了一个个绚丽的泡沫，最后将那些贪婪之徒毫不留情地淹没在泡沫之中。那么什么是泡沫经济呢？

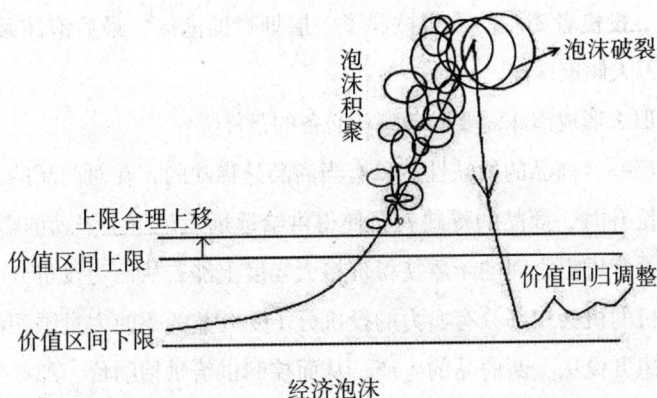

经济泡沫

所谓泡沫经济，是指在经济运行过程中投入某行业的资产的名义价值远远超越了该资产的实际价值，因而经济发展的根基并不稳定，缺乏持续发展的动力。泡沫经济的产生常常伴随着大量的投机活动，商品的价格被炒得远远高于它实际的价值。经济运行中包含了太多虚幻的泡沫，表面上看来一片欣欣向荣，实际上经济发展的根基非常不稳定。伴随着人们欲望的膨胀和投机的持续，经济泡沫发展到了顶点，这时人们慢慢地开始变得恐惧。当越来越多的人变得恐惧时，原来支撑他们进行投机的坚定信念开始动摇，最后破灭。这时，原来高涨的价格就像瀑布一样一落千丈，于是原来繁华的泡沫破裂了。资产的迅速贬值使得整个市场急剧动荡，最后的结果是该行业由于资金的缺乏而长期衰退。

荷兰郁金香泡沫是人类有史以来第一次有记载的"金融泡沫"。究其产生原因，最先是缘于人们对郁金香的强烈消费需求，这种消费需求是出于对郁金香的狂热喜爱。随着这种狂热的发展，人们的虚荣心作祟，开始攀比。少数投机分子抓住人们的这种心理开始投机倒把，他们的投机倒把取得了辉煌的业绩。丰厚的报酬勾起了人性中贪婪的一面，大家都想分一杯羹，于是纷纷投入投机活动中。投机者膨胀的欲望掀起了一层灿烂的泡沫，最后泡沫破灭，千百万人倾家荡产。

那么形成泡沫需要具备哪些必备的条件呢？

第一，商品的稀缺性。只有当商品是稀缺的，在对商品的需求急剧拉升时，商品的稀缺就会使得供给远远满足不了强劲的需求。这时由于供需之间的矛盾使得价格大幅度上涨，从而为投机分子提供投机的机会。部分有实力的投机分子受利益的驱使大量囤积商品或者想方设法垄断商品的生产，从而控制供给哄抬物价。那些投机者就通过这种途径不断增加自己的财富。郁金香作为植物，有其生产周期，由于花期比较短而鲜花也难持久保留，所以市场上以交易郁金香球茎为主。而一个郁金香球茎从种子到培育好需要7到12年的时间，周期长。这就使得郁金香需求猛增时，供给并不能及时满足这种强劲的需求，价格飞速上涨也就在情理之中了。

第二，流动性过剩。当投入的货币远远大于投资对象的价值时，就会产生流动性过剩的问题。在郁金香交易市场上流通着远远大于这些郁金香价值的货币，郁金香价格就会不断上涨。当然，流动性过剩需要资金能够顺畅地进入市场并在不同的交易者手中流转，这就需要一个良好的平台。在当时荷兰金融系统比较完善，特别是1636年阿姆斯特丹的证券交易所直接开设了固定的郁金香交易市场，这使得郁金香交易商能够更加方便快捷地进行交易，资金的流转变得更加的方便。当时不仅整个荷兰国内的民众活跃了起来，投入大量的资金，为了分得一杯羹的欧洲各国的富豪们也都积极插足进来，大量的资金投入把整个荷兰郁金香市场炒得火热。

第三，消费者坚定的预期。当投资者过分看好某一投资对象时，会为它支付远远高于它原本价值的货币。当然，要使人们不断地把钱投入郁金香市场，就需要投资者对整个郁金香市场有着坚定的预期。他们坚信不管价格如何涨，都会有人接手他们不断买进卖出的郁金香球茎或者合同，在市场上始终会有一群傻瓜来接手最后的"接力棒"。而这种信念越强，造成的泡沫也就越灿烂绚丽，价格会被炒得越高。

第四，从众行为。当市场上有那么一小撮人获得利益时，很多人会贪婪地追随而至，就像经典的"羊群效应"。根据实验，羊有这样一个有趣的习性，在一群羊前面横放一根木棍，第一只羊跳了过去，第二只、第三只也会跟着跳过去；这时，把那根棍子撤走，后面的羊，走到这里，仍然像前面的羊一样，要向上跳一下，尽管拦路的棍子已经不在了，这就是所谓的"羊群效应"，也称"从众心理"。人往往习惯随大流，有时即便不知道那样是否有意义，是否是好的选择，大家都那样也就跟着做了，甚至有时明知是错的也盲目跟随。有一个有趣的故事说，有个和尚经常被人嘲笑，于是编织了个谎言来奚落大家，便写了个牌子，说3月3日寺庙边的池塘里会有龙升天。谣言逐渐传开了，到了3月3日这一天，人们从四面八方到了这个池塘边等待着见证这一奇迹。当时，人山人海，甚至连这个和尚自己都糊涂了，跟着跑去眼巴巴地期待着。在郁金香市场上也是，人们在心底都怀疑价格是否涨得太高，但是大家都这么激动狂热，于是就都打消了那份顾虑甚至变得更加狂热。

当然，郁金香泡沫的形成不是一天两天的事，它是一个在众多条件推动下逐渐发展的过程。郁金香泡沫的形成大致经过了三个阶段：

第一个阶段是消费阶段。对郁金香的需求主要是作为植物观赏，这个时候，郁金香的价格还属合理，基本还没有出现泡沫。

第二个阶段是投资阶段。由于人们对郁金香的需求不断增加，而郁金香花的花期比较短而且开花时间也是特定的，有的人为了在花季能够提供郁金香花，开始投资买卖郁金香球茎，以便在花期收获更多的郁金香从中赚取利润。

第三个阶段是投机阶段。人们频繁地进行郁金香球茎的买进和卖出，发现在这个买卖过程中可以获取丰厚的回报。人们开始大肆进行投机活动，囤积郁金香球茎。为了交易的方便，他们还在阿姆斯特丹的证券交易所开设固定的郁金香交易市场，直接进行郁金香合同的买卖，进行期货交易。人们都相信郁金香的价格会不断地上涨，于是纷纷涌入郁金香交易市场。这样郁金香市场的泡沫就产生了，并且随着人们投机的加剧，泡沫不断膨胀。

俗话说，盛极必反。投机者们将大量的资金投入郁金香市场，掀起层层绚丽的泡沫。当人们对郁金香市场的信心动摇时，泡沫随之破灭，整个经济形势急转直下，人们开始恐惧。这种恐惧的力量甚至远远超越了原来欲望的膨胀，人们越恐惧就越急于抛售，越抛售，价格跌得越惨烈。恐惧，抛售，价格下跌，更恐惧，继续大力抛售，价格疯狂下跌，这个过程组成一个完美的恶性循环。当初，那些绚丽繁华的泡沫破灭了，千百万人从原来的富翁一下子变得一无所有，甚至负债累累。

当年的阿姆斯特丹证券交易所

荷兰由于国土面积狭小加上本身资源并不丰富，其工业体系并不完善，制造业基础薄弱，发展主要依靠其自身发达的商业和金融体系，郁金香泡沫给荷兰的金融市场带来了严重的冲击。在荷兰的金融还远远没有复苏时，1652年到1674年，崛起中的大英帝国又针对荷兰进行了一系列的海上战争，素有"海上马车夫"之称的朝气蓬勃的荷兰被打趴下去了，他不得不将海上霸权让位于大英帝国。自此，荷兰的商业一蹶不振，属于荷兰的时代也一去不复返。

郁金香泡沫给荷兰经济带来了短暂的绚丽，随着泡沫的破灭，荷兰经济又走入了谷底。那么泡沫经济产生的根源是什么呢？是投机者膨胀的欲望，是他们的贪婪。贪婪使人们变得盲目，盲目相信奇迹，盲目相信投机品的价格会居高不下，盲目相信他们自己有着非凡的天赋和高度的机智，盲目相信投机市场上竞争的都是十足的笨蛋。最后，欲望、贪婪、盲目，让他们自己变成了十足的笨蛋，并为此付出了沉重的代价。

当然，现如今在荷兰，郁金香并不是一个让人谈虎色变的名词。郁金香早已和风车、奶酪、木鞋一起被列为荷兰的"四大国宝"，荷兰也被称为"郁金香之国"。荷兰虽然国土面积比较小，但郁金香的种植面积却很大，如今郁金香产量占全世界产量的65%，每年郁金香出口要占全世界的80%以上。虽然目前荷兰郁金香的价格远远没有三百多年前那么惊人，但郁金香的出口也给荷兰带来了巨大的财富。郁金香成了荷兰的国花，荷兰人民也依旧保持着对郁金香最初的热情和喜爱，并将这美丽的花儿推向了世界各个角落。

24 千亿元饿死穷汉

◇⋯⋯⋯⋯⋯

通货膨胀这个词想必大家都不陌生，哪里有货币，哪里就有通货膨胀。通货膨胀就像一个幽灵，与货币如影相随。追溯货币的历史，你无法精确地找出通货膨胀具体从什么时候开始，不过要想找到最经典的例子，则莫过于在1921—1924年发生在德国的通货膨胀。

德国的这次经济危机应从第一次世界大战结束说起。第一次世界大战德国战败，战胜国对德国制定了苛刻的限制措施和严厉的惩罚，将阿尔萨斯和洛林归还给法国，恢复法国在普法战争前的疆界，萨尔煤矿区由法国开采15年，德国在军事力量上也受到严格的控制。此外，德国还需要向战胜国支付1320亿马克作为赔偿金。对于战后针对德国签订的《凡尔赛条约》，一些有识之士做出了精准的评论。英国经济学家凯恩斯评论道："它是一个残忍的胜利者在文明史上所干出的最凶暴的行为之一。"协约国联军总司令福煦也评论说："这不是和平，不过是20年的休战。"

作为战败方的德国，对于如此苛刻的条件只能忍气吞声。为了支付高额的战争赔款，德国采取了饮鸩止渴的办法，开始大量发行钞票。1922年，德国发行了1万亿马克，第二年一月份，由于德国没能及时还款，法国和比利时联军开进德国工业核心区域鲁尔区。此时，德国更加没有还款能力，于是他们开足马力，大肆印发钞票，半年的时间印发了17万亿马克。

无止境地印发钞票虽然暂时解决了还款问题，却又引发了另外一个更加严重的问题——通货膨胀。从1922年1月到1923年12月，德国的货币和物价都以惊人的比率上升。例如，每份报纸的价格从1921年1月的0.3马克上升到1922年5月的1马克、1922年10月的8马克、1923年2月的100马克直到1923年9月的1000马克。在1923年秋季，价格实际上飞起来了：一份报纸价格10月1日2000马克、10月15日12万马克、10月29日100万马克、11月9日500万马克直到11月17日7000万马克。在这段时间，美元与马克的比例从1：5.8降到了1：4.2万亿。普通商品也涨到以十亿马克为基本定价单位，例如，熏肉涨到1800亿马克每千克，黄油涨到2500亿马克每千克。德国的通货膨胀超越了以往任何一次通货膨胀，创造了通货膨胀历史上的世界纪录。

当时通货膨胀如此的严重，据说有家大工厂给工人发工资时，直接用火车拉来了一车的钞票，火车还没停稳，就开始向焦急等候在铁路旁的工人们大捆大捆地扔钱。还有个更幽默更夸张的故事，说的是一个小偷到别人家偷东西，发现房间里有满满一筐钱，他高兴坏了，结果把钱都倒出来筐拿走了。在当时，钱变得连纸都不如，工人们每天结工资，并且要拿大皮箱装钱，小孩子在家用钱当积木玩耍，妇女们直接用钱点火做饭。为了快速印发钞票，德国政府开始印制大面额的钞票，最大面额达到一百亿马克。同时为了节俭和加快速度，甚至在印发钞票时只印刷一面。

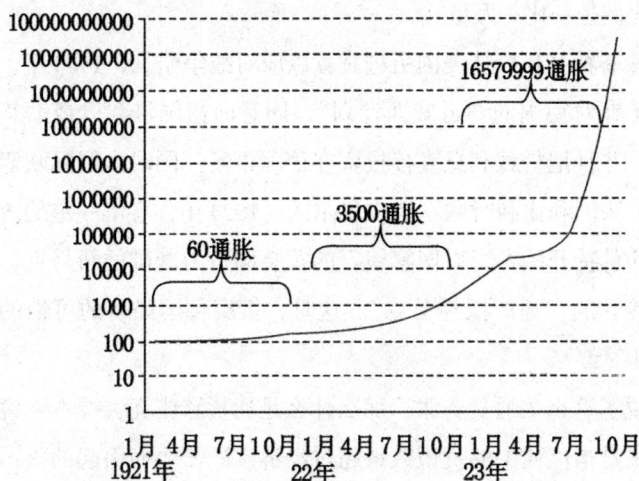

20世纪20年代德国马克通胀走势图

政府大量发行纸币使得普通民众的生活遭受灭顶之灾，他们原本少有的财富被政府掠夺得一干二净。他们不满魏玛政府的软弱无能，矛盾的矛头直指政府，甚至有的人想直接推翻政府的统治。1923年，一个激进的年轻人在慕尼黑的一家啤酒馆发动政变，他号召人们团结起来撕毁《凡尔赛合约》，挽救德意志。政变失败了，他在监狱中写下了他的代表作《我的奋斗》，他就是阿道夫·希特勒。严重的通货膨胀为纳粹党在德国的发展提供了良好的土壤。

1923年，魏玛政府委任亚尔马·沙赫特博士为魏玛共和国货币局长和德国央行行长，制订严格的货币计划开始治疗通货膨胀。沙赫特与德国总理古斯塔夫·施特雷泽曼及财政部长汉斯·路德共同制定新的财政政策——"地产抵押马克"。由于第一次世界大战后德国国内缺乏黄金作为货币发行的支撑，发行"地产抵押马克"的地租银行抵押价值32亿的土地与工业产品以支持新货币。"地产抵押马克"与美元直接挂钩，与美元的比例是4.2∶1（美元），对旧马克的比例是一比一万亿。

沙赫特又积极从美国引进贷款以应对战争赔款，1924年，美国制订了针对德国的"道威斯计划"，同意向德国贷款以帮助其偿还贷款，并且把贷款利息直接投资在德国市场。同时，国际联盟出面调停，法国和比利时联军退出鲁尔区。1924年，有了一定的改革条件，沙赫特开始发行以国家银行的黄金储备为基础的新马克，以取代过渡性的"地产抵押马克"。这时，折磨德国经济的可怕的通货膨胀才算终结。

说了这么久通货膨胀，那么什么是通货膨胀呢？课本上说，通货膨胀是指流通中的货币数量超过经济实际需要而引起的货币贬值和物价水平全面而持续的上涨。标准的解释太烦琐了，其实就是三个字——"钱多了"。那么钱多了是怎样引起物价上涨的呢？市场中的商品和劳务的价值与流通的货币量总是维持在一个特定的比例范围内，货币的内涵包含了"货"和"币"，他们就像天平的两端，哪边重了都不行。举个例子，市场中的商品和劳务即"货"的流通需要10万亿，现在市场中刚好有10万亿资金流动，物价刚好保持稳定。假如政府此时再发行90万亿，市场中就有100万亿了。市场会自动调节，使得"货"和"币"保持平衡，那么现在100万亿元的购买力只能相当于以前的10万亿元，以前两块钱一支的雪糕现在要收你二十块，这就是通货膨胀。

　　魏玛政府通过发行大量的货币，虽然暂时解决了还款问题，不过这是建立在对民众无情掠夺的基础上的。当然，这种方式也是相当危险的。凯恩斯曾经说过，想颠覆现有社会的基础，没有比货币贬值更绝妙、更可靠的办法了。魏玛政府饮鸩止渴的行为为纳粹的崛起提供了土壤，最后不仅自己被推翻还使得德国国家和人民受到伤害。

　　民国政府在1936年之后实行法币政策，后来由于战争的原因乱发纸币，最后法币如同废纸。人们早上发了工资要跑着赶快去花掉，跑晚了可能当时能买一笼包子的钱一个包子也买不了。后来在1948年实行金圆券改革，也是由于乱发货币，扰乱了经济，最后彻底失掉民心。

　　在金属货币作为主要流通的货币时，也会有通货膨胀。然而那时通货膨胀的规模要远远小于现在，特别是以金银为货币的情况下。因为这些货币本身包含了一定的价值，而金属材料的稀缺性与烦琐的铸造流程，使得要想大规模发行更加困难。而纸币的面值是国家作为后盾规定的，就制造成本而言，一块钱和一百块钱差别并不大，且纸币的印刷成本也比较低，增加发行量也好操作。可以说，纸币的诞生使得通货膨胀的规模越来越大，同时发生的时间间隔也越来越短。

　　当然，要使货币的发行量与流通中所需要的货币量相一致是比较困难的，这需要货币的发行和管理部门做出精准的计算。货币发行不足可能使得流动性不足，商品市场萧条下来，出现通货紧缩，使得经济发展乏力。而货币发行过多会使得市场中流通的货币过多，物价普遍上涨，造成通货膨胀，这时人们手中实际的购买力降低，也不利于经济的长期、稳定发展。

当然，有时候没有增发货币也可能引发通货膨胀。21世纪初，津巴布韦发生了恶性通货膨胀。这场通货膨胀的诱因是政治变革，起因是津巴布韦的黑人土地革命，赶走了国内的有管理经验的白人，白人带走了外汇留下津币。整个生产活动陷入无序状态，生产锐减。当然，外汇的减少也使得进口商品锐减。市场上的"货"少了，而流通的津巴布韦货币并没有减少，相对于货物反过来就是大幅增加了，于是物价飞涨，引发通货膨胀。同时，政府部门中的白人也被赶走，新的执政者缺乏经验，物价上涨使得政府财政严重不足。外加社会变革使得津巴布韦受到经济制裁，不仅得不到外部经济援助，还使得政府的海外资产受到冻结。政府为了摆脱现状大量印发钞票。本来市场中的钱就够多了，再加上政府新印发的钞票，通货膨胀越发严重。

面对政府大力发行的钞票，销售商二话不说，涨价。政府继续发钱。涨价，发钱，涨价，发钱……最后，受伤的都是老百姓。为了加快印钞，政府于2008年12月4日，推出面额为1000万、5000万和1亿津元三种新钞；12月12日，推出面额5亿的钞票；12月19日，推出面额100亿的钞票。据统计，到2009年，津巴布韦的通货膨胀率达到惊人的百分之十亿！

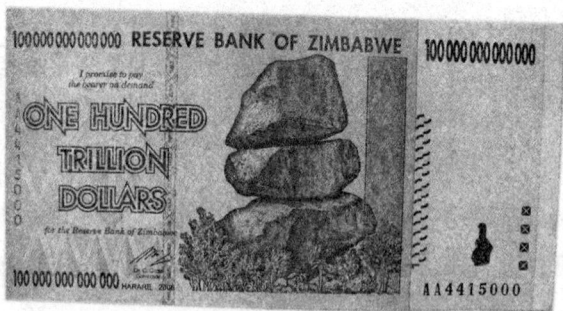

津巴布韦的100万亿元钞票

　　货币的使命在于促进商品的流通，而通货膨胀却是用失控的货币绑架了流通中的商品。无论我们如何强调货币的重要性，本质上它们都只是附庸于商品的一个工具，充足而易得的商品，才是人们幸福的根本。正如经济学鼻祖亚当·斯密所说：货币本身并非财富，一个国家的富裕不在于用以实现货币流通的货币数量，而在于生活必需品的丰富。

25   美洲非洲同一哭

◇ ⋯⋯⋯⋯⋯

> 辽阔的天空，
>
> 金色的麦浪，
>
> 耸立在富饶平原上的巍巍群山！
>
> 亚美利加！亚美利加！
>
> 上帝赐福与你，
>
> 为了你的善与美，
>
> 让全世界的兄弟姐妹都爱你！
>
> 啊，美丽的亚美利加！
>
> ⋯⋯

正如美国作家凯瑟琳·李·贝茨在她的赞美诗《啊，美丽的亚美利加》所描述的一样，美丽富饶的亚美利加充满着宁静与神秘。

在这宁静而神秘的土地上孕育着各种神奇的文明，古老神秘的玛雅文明，凶猛好战的阿兹特克文明，当然还有安第斯山区风格独特的印加文明。

印加帝国是11世纪到16世纪活跃于南美洲秘鲁、厄瓜多尔、哥伦比亚、玻利维亚、智利、阿根廷一带的古老帝国。"印加"一词原意为"太阳之子"，最初代表着这一族群的君王，由于最初殖民者的误用，这一词逐渐变成整个部族的称呼。印加人主要信奉太阳神，因而他们的君王也被称为"印加"——太阳之子。他们相信"黄金是太阳的汗水，白银是月亮的眼泪"，在进行宗教仪式时，他们会把自己的贵重物品如黄金、白银、农作物或家畜献给太阳神。印加人不仅在建筑、医学、艺术方面取得了卓越的进步，还在15世纪建立了一个向北接近中美洲，向南延伸到智利、秘鲁，西到太平洋，东到安第斯山脉的庞大帝国。然而，在十五六世纪，由于西班牙的殖民扩张，印加帝国受到残酷的奴役，帝国迅速衰落，最后走向灭亡，留下一段充满血泪的历史和后人无尽的叹息。

随着新航路的开辟，西班牙逐步对外殖民，而他进行殖民扩张的主要地点是拉丁美洲。1531年，出于对黄金的极度热情，弗朗西斯科·皮萨罗率领三艘船，载180名士兵、27匹马和两门火炮，开始了对印加帝国的征服。翻越安第斯山脉花费了皮萨罗很多时间，到1532年11月15日，皮萨罗到达了印加帝国的卡哈马卡城。第二天，怀着对欧洲人的好奇，印加帝国的君主阿塔瓦尔帕正式接见了皮萨罗。在接见过程中，西班牙人"以上帝和西班牙国王的名义"要求阿塔瓦尔帕皈依基督教，遭到阿塔瓦尔帕的拒绝，他把西班牙人递给他的圣经扔在了地上，明确表示自己只相信太阳神，不相信上帝和基督。随后，西班牙人开始了对印加人的屠杀，虽然他们只有180人，印加人却有一支8万人的队伍，但他们的武器装备远远优于印加人。印加人并没有见过马匹，西班牙人骑的高头大马给他们带来了强烈的恐惧。整个卡哈马卡城充满了杀戮和哀嚎，直到天黑杀戮才停止。战斗结束后，阿塔瓦尔帕被俘虏，他身边的高级领主和大臣全部被杀死，整个战斗西班牙人几乎没有损失，而印加人被屠杀了大约7000人。

为了赎回自由，阿塔瓦尔帕答应交付一大笔赎金，皮萨罗要求印加人用黄金堆满一间占地长6.7米、宽5.2米、高2.4米的房间。印加人满足了皮萨罗的要求，带来了如数的财宝，皮萨罗却残忍地杀害了阿塔瓦尔帕。此后，印加帝国处于群龙无首的境地，原本的宗教信仰让他们习惯了接受"印加"下达的命令，现在他们成了一盘散沙。虽然在阿塔瓦尔帕死后，他们组织了几次反抗，但每次都被轻易地瓦解了。不久后，皮萨罗就攻进了印加人的首都库斯科并把它洗劫一空。1535年，皮萨罗在沿海修建了利马城以方便西班牙的统治，而利马城至今仍是秘鲁的首府。

随着印加帝国的沦陷，西班牙殖民者对印加人的奴役开始了。在南美安第斯山区流传着关于埃尔多拉多的传说，也就是黄金国的传说。这极大地刺激了西班牙人的贪欲，他们开始在丛林里、山崖中不断地探险，希望能够找到他们梦寐以求的黄金。不过他们没有发现黄金城，但在1545年，有个印第安人在波托西的赛罗里科山发现了贮藏量很大的银矿。

银矿发现后，西班牙人开始着手开采。他们强迫当地的印加人开采银矿，把整个波托西变成巨大的银币生产基地。由于当地环境极端恶劣，加上银矿石加工过程中工人不断接触到汞废气，矿井中也有大量有毒气体，矿工的死亡率特别高。为了将矿石运出矿井，矿工要在210多米深的矿井爬上爬下，在这个过程中，很多矿工被掉落的石头砸死，或者直接掉入矿井摔死。这些矿山被称作"地狱之口"，不断吞噬着矿工的生命。有人对此做了统计："如果21个健康的印第安人是星期一走进去的，到星期六可能只有半数能一瘸一拐地出来。"甚至，每一个在波托西铸造的比索，都有相应的十个矿工死在矿井和矿山之中。由于西班牙人的奴役，当地土著居民人口锐减，于是，又有成千上万的非洲黑奴被贩卖到波托西，为西班牙殖民者的贪婪付出生命的代价。

赛罗里科山遗留的矿井

估计，从1545年到1824年近300年间，殖民者从波托西共攫取了2.5万吨白银，赛罗里科山也被开凿得千疮百孔，甚至整个山体下降了16米高。在这三百年的历史中，先后有800万印第安人死于银矿开采。在财富面前，在无尽的贪婪面前，生命变得一文不值。

而与此同时，大西洋彼岸的非洲正遭受着非人的奴役。对于欧洲人而言，非洲没有墨西哥和秘鲁丰富的黄金和白银，也没有适宜的土地去发展庄园经济，在他们眼里，非洲最有价值的资源就是奴隶。于是，这些活生生的人被当成奴隶或者牲畜进行贩卖，以赚取高额的利润。

在新航路开辟初期，西班牙主要向西发展，而葡萄牙则向东发展。西班牙在美洲建立起殖民统治后，由于大肆开采银矿和发展封建庄园经济需要大量的劳动力，而美洲当地的印第安人在大量屠杀、过度劳役以及欧洲人带来的传染疾病的肆虐下，人口锐减。美洲当地的劳动人口远远满足不了殖民者的劳动力需求。于是，在经济利益的驱使下，各大矿区和农场开始大量购买黑人奴隶。葡萄牙人在15世纪开始进行贩卖奴隶的贸易，随后，荷兰和英国等西方国家也加入到黑奴贸易的行列中来。

欧洲人最初通过攻击非洲沿海地区一些黑人的村庄抓捕黑人，进行买卖。由于这一方式容易遭到反抗，成本比较高，后来欧洲人改变了策略。他们通过提供枪炮、朗姆酒和金属器具等来换取奴隶。而各部落为了获取这种在战斗中占绝对优势的武器而进行内部的征伐，欧洲人则坐收渔翁之利，在非洲沿海建立要塞，等待着各个部落把奴隶送过来再换取武器和商品。欧洲人为各部落提供的武器使得他们在战斗中更加强大，而他们要想不被别的部落打败同时获取更多武器和商品就得提供更多的奴隶。最后，欧洲人虽然只是在沿海设立收购奴隶的据点，却使整个非洲内战。各部落的酋长们通过战争将他们的非洲同胞送到白人手中换取武器，继续征战，抓捕奴隶，换取武器，征战……如此形成一个恶性循环，而那些进行黑奴贸易的人则从中获益。

随着奴隶贸易的进行，奴隶贩子们发展出了一条"三角航线"。第一段，他们将欧洲的枪炮、火药、盐等其他商品运到非洲，再将这些商品换成那些不幸被捕获的奴隶；第二段，他们将购买的奴隶装进条件恶劣的船舱内，然后运送到美洲，成批出售或者零售换取种植业的产品；第三段，他们将种植业的产品如糖、糖浆、烟草、稻米等运送回欧洲继续换取枪炮、火药、盐等其他商品。如此，奴隶贩卖者在欧洲、非洲、美洲之间来回倒卖货物，赚取巨额利润。

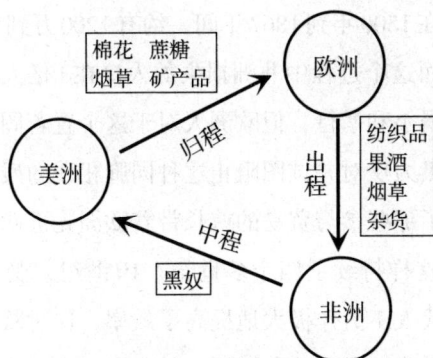

以贸易连接的南美殖民地和非洲黑奴

而在整个贸易过程中，奴隶的死亡率特别高。从奴隶抓捕开始，由于战争和反抗，会有大批黑人丧生。黑人们在被捕后沦为奴隶，他们被绑缚着被迫迎着酷热或暴雨赶到沿海，这其中他们还不时被鞭笞虐待，不少人会死在途中。当到达沿海贩卖奴隶的据点时，奴隶主将奴隶卖给奴隶贩子，他们用烧红的烙铁在奴隶身上打上标记，然后奴隶交给了奴隶贩子。奴隶贩子首先将奴隶们关押起来，等凑够了人数，他们将奴隶锁好，满满地塞进条件极端恶劣的船舱，每个奴隶躺的地方还没有棺材的空间大。然后他们踏上了非洲跨越大西洋到美洲的死亡线。为了节约成本，运输奴隶的船只经常是严重超载的，奴隶们被锁在拥挤狭小的空间里面，活动严格受限，拥挤的船舱里面空气混浊，流行病肆虐，再加上运输过程中饮食恶劣，淡水不足。闷死、病死、饿死、渴死的奴隶不计其数，甚至有的生病的奴隶还没有死就直接被扔进大海葬身鱼腹。在整个运输过程中，奴隶的待遇连牲畜都不如。从非洲到美洲差不多两个月的时间要损失 1/3 的奴隶，情况恶劣时甚至途中损失的奴隶就有一半以上，这些人都被直接扔进大海葬身鱼腹。当奴隶被卖到各大农场和经济园时，他们被强迫劳作，直到慢慢死去。

据统计，在 1500 年到 1867 年间，约有 1200 万到 2000 万奴隶被贩运到美洲，而这个过程中非洲损失的人口在 1 亿人以上。整个非洲大陆充满了屠杀和暴行，但欧洲人对于这个置若罔闻。在非洲虽然有部分酋长极力反对并试图阻止这种同胞相残的残忍贸易，但他们马上就受到了那些参与贸易的酋长带着欧洲先进武器的攻杀。整个奴隶贸易就这样持续了四个多世纪。19 世纪，受工业革命的影响，由机器取代人工劳作极大地提高了效率，这时欧洲对市场的需求远远超越了对劳动力的需求。所以在 19 世纪，奴隶贸易才渐渐被禁止，直到第一次世界大战以后才最终结束。

奴隶贸易是人类有史以来最残酷、最黑暗、最耻辱的一段历史，它使得非洲传统文化受到严重冲击，社会经济严重退步，它滋生了对黑人的种族歧视。随着黑奴贸易的逐步停止，殖民主义者的魔掌进一步伸向整个非洲。1870 年之后，欧洲列强用了 30 年的时间将整个非洲大陆瓜分殆尽。直到 20 世纪末期，这些地方才取得最终独立。

殖民者是罪恶的吸血鬼！他们黑暗、冷酷、贪婪、无耻。被屠戮的印第安人、墨西哥和阿根廷开采银矿的土著居民，农场和经济园中辛苦劳作至死的奴隶，那些被屠杀和奴役的人，他们无一不在见证殖民者们灵魂的堕落和良知的泯灭。在财富面前，他们已沦为最可怕的魔鬼！

26 罪怀璧鸦片战火

◇┈┈┈┈┈┈

"万里车书尽混同,江南岂有别疆封?提兵百万西湖上,立马吴山第一峰。"此诗大气磅礴,大有并吞天下之志。相传金主完颜亮有次读到柳永的词《望海潮》里面对江南绘声绘色的描绘:"有三秋桂子,十里荷花。羌管弄晴,菱歌泛夜,嬉嬉钓叟莲娃。千骑拥高牙。乘醉听箫鼓,吟赏烟霞。异日图将好景,归去凤池夸。"完颜亮被江南的美景和富饶深深吸引,立马就动了南征之心并挥毫写下这首诗。柳永何曾想到,当初他有感于江南的美景繁华写就的词,在一百多年后竟勾起了一个帝王的战争决心。有人说,都是柳永惹的祸。谢驿还在诗中感慨道:"谁把杭州曲子讴?荷花十里桂三秋。哪知卉木无情物,牵动长江万里愁。"柳永有罪吗?柳永无罪,只因他的词太美,动人情思。江南有罪吗?江南无罪,只因她的景太美，让人神往。这一切恰巧印证那句古谚——匹夫无罪，怀璧其罪！退而细细思索，鸦片战争爆发的根源又何尝不是如此。大清无罪，怀璧其罪！

清代是中国历史上最后一个封建王朝，不仅将封建君主专制演绎到极致，还创造了辉煌的盛世。自1644年顺治入关，经过十几年的征讨，除了台湾以外，完成了一统江山的宏伟计划。在康熙时进一步治乱，1681年平定了以平西王吴三桂、平南王尚可喜、靖南王耿精忠为主的三藩之乱。自此，开启了长达一百多年的康乾盛世。经过康熙的长期励精图治，国家经济取得良好发展，国库充实。为了减轻人们的压力，康熙多次减免税收，甚至在康熙五十年（1711）宣布"盛世兹丁，永不加赋"。国库的存银在康熙末年不足1000万两，乾隆时候，最多时达到8000万两以上。全国耕地面积也急剧扩大，人口规模在康熙六十一年突破一亿，到了乾隆五十五年（1790），仅仅过了不到一个世纪，全国人口就突破了三亿。经过康熙、雍正、乾隆三位皇帝一百多年来的努力，在经济、社会各个方面取得了非凡的成就。当时中国虽然没有西方的工业革命和现代化的政治体制，但与同时代的国家相比，确实居于领先地位，就综合实力而言，在18世纪也是世界上最强大的国家之一。

在这个时期，中国与世界的联系越来越紧密，沿海的对外贸易也增加了许多，其中广州地区的贸易发展迅猛。当时中国的经济结构还是以自给自足的农耕经济为主，属于农业经济大国。与此同时，以英国为主的主要西方社会正在如火如荼地进行他们的工业革命。特别是在1782年瓦特改良蒸汽机后，英国进入蒸汽时代，制造业进一步发展，英国逐步成为"世界工厂"。在这段时间，英国和中国进行着频繁的商业贸易。中国出口的商品主要有茶叶、丝绸、药材、瓷器等等，英国对这些商品有着大量的需求，而在英国将他们的各种工业产品输入中国时，并没有受到多大的欢迎。人们满足于传统的自给自足的生活方式，这使得中英贸易常年处于出超状态，造成大量的白银和黄金内流。

据统计，1765年到1769年，英国输入中国的商品总值为1192915两白银，而同期中国输出的商品总值有2190619两白银，中国对英国的贸易出超总值为997704两白银；1795年到1799年，英国输入中国的商品总值为5373015两白银，而同期中国输出的商品总值有5719972两白银，中国对英国的贸易出超总值为346957两白银；1830年到1833年，英国输入中国的商品总值为7335023两白银，而同期中国输出的商品总值有9950286两白银，中国对英国的贸易出超总值为2615263两白银。长期的贸易顺差使得英国不得不支付大量的白银给中国，英国急于寻求别的途径来逆转这种不利的局面。为了打破每年输出几百万两白银的局面，英国最后找到了一种新的商品，同时也是害人的毒药——鸦片。

鸦片，俗称"大烟"，是罂粟的初级产品。鸦片吸食者通常将熟鸦片做成丸状或者条状，在火上烤软后，塞进烟枪中点燃吸食。鸦片自唐代以来就在中国流传，然而那时鸦片主要作为药物使用，17世纪早期，有人开始将烟草混合加入原来的鸦片中作为麻醉剂传入中国的东南沿海地区。鸦片里含有一种使肺部非常舒适的镇静剂，

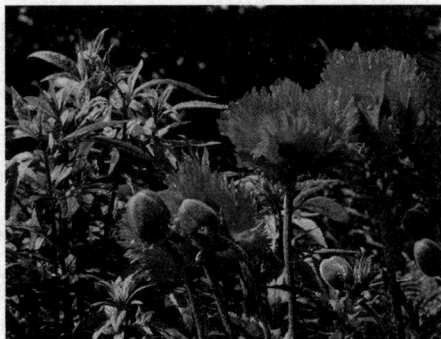

罂粟

很多人为了贪图一时的享受，陷入其中。他们忽视了鸦片的毒性，完全没有意识到它将带来的可怕后果。当吸食者意识到它对身体的损害或者无力承担吸食鸦片所带来的巨大的经济负担时，他们急于摆脱鸦片的束缚。可此时，他们发现自己再也离不开这种东西了，一旦没有鸦片的供应，他们的肉体和精神都会极端痛苦。染上烟瘾的人不得不一直吸食，烟瘾大的每天甚至要吸食几十上百次。他们就像被一条锁链系住了脖子，完全无法挣脱。就这样，鸦片吸食者一步一步走向堕落或者死亡。

鸦片不仅摧残着国人的身体和精神，还把财富一点一点地吸收进英商的腰包。在1767年以前，输入中国的鸦片数量每年不超过200箱，每箱大约重60千克，而此时的鸦片主要是葡萄牙人从土耳其贩运过来的，数量不大，主要用于医药方面。后来影响比较大的东印度公司也开始贩运鸦片，不过量还比较少。大约在1798年，东印度公司开始自己生产鸦片，在印度还实行了鸦片垄断。他们名义上禁止自己的船只经营鸦片，同时为了实现垄断，东印度公司还禁止与他们建立合作关系的中国船只运输非本公司生产的鸦片。到1800年时，输入中国的鸦片每年已经超过2000箱了。这时中英贸易还远远处于出超状态，英商对鸦片的输出还想进一步突破。

1816年，东印度公司对鸦片的垄断贸易放开了，使得鸦片走私活动更加猖獗。1820年，偷运到中国的鸦片有5147箱，1824年涨到12639箱。鸦片的毒害越来越明显，朝廷也下令禁烟。其实，清代早在雍正皇帝时期就屡有禁烟令发出，但是鸦片巨大的利润和海关的贪污腐败使得禁烟令如同一纸空文，鸦片走私依旧猖獗不已，这次禁烟令也是如此。到1834年，英商走私到中国的鸦片达到21785箱，随后逐年增加，1837年，鸦片输入量达到39000箱。越来越多的鸦片输入使得白银严重外流，中英商业贸易也从出超变成入超。在1830年至1839年十年时间内，中国平均每年流失白银在五百万至六百万两。从1816年到1839年，鸦片输入量激增了5倍，到鸦片战争之前，中国流失的白银已高达两亿两以上。由于白银的严重外流，对国内白银的价格产生了巨大影响，1823年，白银和铜钱的兑换比例是1两白银兑换1249文铜钱，到1838年，白银和铜钱的兑换比例是1两白银兑换1638文铜钱。鸦片走私就像一个吸血鬼，不断地吮吸着清帝国的血液，人民辛勤创造的财富被榨得精光。

1839年，道光皇帝再也坐不住了，他派遣林则徐为钦差大臣前往广州禁烟。1839年3月10日，林则徐到达广州开始禁烟。林则徐到广州后雷厉风行，力行禁烟，经过不到三个月的时间，林则徐收缴鸦片19187箱又2119袋、烟膏461526两、烟枪42741杆、烟锅212口。为了使鸦片完全销毁，林则徐独创"海水浸化法"。在海边挖两个大池子，为防止渗漏还在底部铺上石头，旁边钉上木板。引入海水将鸦片投入其中，再用石灰蒸煮。这样鸦片完全融入水中，等退潮时再将水引入大海，最后用清水把池底洗净。这样，鸦片就被彻底销毁了。

人民英雄纪念碑虎门销烟浮雕

虎门销烟的消息很快传到了伦敦，英国政府立刻决定对中国使用武力。当时中国的对外政策还是闭关锁国，而对外贸易也主要集中于广州地区。在鸦片战争前期，中国人口已有四亿，是全世界最大的商品销售市场，更宝贵的是这一市场还是一片空白。对于"世界工厂"的英国而言，这无疑是一块肥得流油的大肥肉。早在19世纪30年代，在英国政坛就有人提出对中国动武，他们打算用打开印度市场的方式打开中国市场。现在，他们终于有了充足的理由！

　　1840年6月，鸦片战争正式爆发，到1842年8月，鸦片战争结束。在这场战争中，英国从印度和本土不远万里前后派遣了近两万士兵，中国前后有二十万人参战。最后，以中国惨败告终。这场战役中国伤亡两万多人，英军伤亡五百多人，而阵亡人数只有几十人。这是传统的农业大国与现代化工业国家的第一次正面交锋，"天朝上国"的腐败与软弱在这场战争中表露无遗，最后不得不以接受屈辱的《南京条约》来结束战争。《南京条约》是中国历史上第一个不平等条约，香港岛于此时割让出去。

　　其实，乾隆五十七年（1792）时，英国为了能够打开中国市场，曾派遣马嘎尔尼使团以为乾隆祝寿为名访华。访华之旅一开始就陷入"礼仪之争"，政府要求马嘎尔尼行三跪九叩大礼，而马嘎尔尼却要用觐见英王的礼仪，行单腿下跪、吻手礼。最后，"礼仪之争"以马嘎尔尼单膝下跪行叩拜礼草草结束。当然，马嘎尔尼打开中国市场的任务也没有完成。在他失落地离开中国之前说道："清政府好比是一艘破烂不堪的头等战舰，它之所以在过去150年中没有沉没，仅仅是由于一班幸运、能干而警觉的军官们的支撑，而她胜过邻船的地方，只在她的体积和外表。但是，一旦一个没有才干的人在甲板上指挥，那就不会再有纪律和安全了。"这不能不让人感到叹息。

19世纪，达尔文喊出了"物竞天择，适者生存"的自然界的生存口号，这给正在急速扩张殖民的西方世界提供了理论基础。殖民者们在达尔文学说基础上发展出了"社会达尔文主义"，并堂而皇之地对落后地区进行掠夺和殖民。在他们眼中，你的财富是罪，你的资源是罪，你的广阔的市场是罪，你的弱小也是罪。而相反，他们的杀戮和殖民却是科学合法的。在这个世界，规则是强者定下的，匹夫无罪，怀璧有罪！

《春秋左传·桓公十年》记载："初，虞叔有玉，虞公求旃。弗献。既而悔之，曰：'周谚有之：匹夫无罪，怀璧其罪。吾焉用此，其以贾害也？'乃献之。又求其宝剑。叔曰：'是无厌也。无厌，将及我。'遂伐虞公。故虞公出奔共池。"大清帝国怀的璧就是大量的白银，还有能产出白银的市场，钱财才是催生罪过和罪恶的根源。

怀璧何罪，罪在不强！

27　太阳王挥金如土

◇⋯⋯⋯⋯⋯⋯⋯⋯⋯

　　《包公案》中记录有一段狸猫换太子的故事。说的是宋真宗的两个妃子怀孕争宠，刘妃为了争夺正宫之位与郭槐定计用剥去皮的狸猫换走李妃所生的太子。最后也是天理昭彰，刘妃的儿子夭折了，真的太子辗转当上了皇帝。包拯破了这个案子，并从民间找到哭瞎双眼的李妃，使得仁宗皇帝母子团圆。

　　类似的故事也发生在法国的历史上。在法国历史上流传着一个谜一样的人物"铁面人"，铁面人的神秘来自于他从未摘下的铁皮面罩、他在被押解以及关押的过程中被严密隔离却又待遇优厚，最后离奇死亡。在此之后，当局将他的一切抹杀在历史的尘埃中。直到1789年7月14日，法国大革命时巴黎市民攻占巴士底狱后发现监狱入口处有一行小字写着：囚犯号码64389000，铁面人。这使得对铁面人的身份的讨论再次升级。在对铁面人的众多猜测中，大仲马有着大胆的想象。在他的"火枪手三部曲"《布拉热洛纳子爵》中，铁面人的故事是这样的：阿拉密斯秘密地从巴士底狱救出了被囚禁的路易十四的孪生兄弟菲利普，并设计让他坐上王位，反把路易十四关入巴士底狱。但一昼夜后这一计谋被火枪手队长达达尼尔识破，他帮助路易十四重登王位，而菲力普则再入囹圄，并且脸上永远蒙上了一层面罩。而在1998年由莱昂纳多主演的电影《铁面人》中，由于不满路易十四的残酷统治，他的臣下秘密救出监狱中的铁面人——也就是路易十四的孪生兄弟菲利普，并让菲利普当上国王，把真的路易十四关入了监狱中。当然，无论铁面人究竟是谁，监狱中的他都无法再影响王位上那个路易十四的传奇奢华的一生。

　　路易十四又被称为"太阳王"，他自出生就是一个传奇，他的父母结婚后一直没有生育，直到第23个年头，1638年9月5日，他才姗姗来迟，到了这个世界。1643年5月14日，路易十四的父亲路易十三由于骑马落水引起肺炎去世，路易十四开始了他长达72年之久的君主生涯。路易十四一生极尽奢华，而这奢华的舞台便是他的凡尔赛宫。

　　凡尔赛宫位于法国巴黎西南郊外的凡尔赛镇，是世界五大宫之一，其修建时间可追溯到路易十三时期，早在1624年，路易十三就在凡尔赛宫的原址附近修建了一所狩猎行宫，说是狩猎行宫，其实仅仅是一座两层楼高的红砖楼房，整个行宫只有26个房间，仅能够供国王临时歇歇脚，完全谈不上富丽与奢华。真正意义上的凡尔赛宫的建立要归功于路易十四。关于路易十四修建凡尔赛宫流传着这样一段轶事，说是在1660年某天，路易十四的财政部长富盖新建了一座豪华府邸，于是邀请国王路易十四去参加宴会。路易十四不看不知道，一看吓一跳。相比于富盖的府邸，他平日所住的枫丹白露宫如此陈旧，而那所只有26间房间的凡尔赛宫更是寒酸。富盖有意或无意的炫富深深刺激到了路易十四，路易十四极有效率地编织了个罪名把富盖扔进了监狱，并把富盖修建府邸的工匠顺利地接收过来。这之后，真正意义上的凡尔赛宫开建。凡尔赛宫于1661年开始动工，历时28年，到1689年完工。整个凡尔赛宫占地111万平方米，其中主体建筑11万平方米，园林100万平方米。整个新王宫包含500多个大殿小厅，每间厅（殿）都装修得无比的富丽堂皇。

凡尔赛宫

凡尔赛宫的皇宫喷泉带有1400多个喷水头，用掉的水比整个巴黎还要多，而那时的巴黎居民却常常由于生活用水不足而得病。虽然凡尔赛宫在用水量方面大得惊人，内部却没有任何盥洗设备。这样一个大型宫殿，这个缺陷对很多人而言真是太可怕了。不过对于太阳王路易十四而言，这真的不是问题。据说路易十四一辈子没洗过多少次澡，让他洗澡真是要了他半条命。路易十四不仅不爱洗澡，连手和脸也尽可能少去洗。每次洗手都是用混合了葡萄酒的水简单地洗一下，洗脸则用喷了香水的干布擦拭。为了保持个人清洁，他一天都在不停地换衣服。路易十四对于服饰特别讲究，不论是款式还是色彩，他都要时刻走在时尚的最前沿。为了配合自己华丽的服装，路易十四还有一项深刻影响当今社会的发明——高跟鞋。说到高跟鞋，大家的第一印象会认为这是女性的专利。如果哪位大老爷们穿着高跟鞋在你面前晃悠，你肯定会被恶心死，不过事实上最先穿高跟鞋的还真是纯爷们。其实路易十四发明高跟鞋也有他的苦衷，据说他身高比较寒碜，是典型的"浓缩的就是精华"那种类型。

太阳王路易十四

为了使自己看上去更加伟岸，只好在足下做足功夫。服饰上的花费在路易十四生活中占相当大的比例。为了掩盖身上的臭味，路易十四还大量使用香水。在使用香水时路易十四是非常考究的，所以他的香水设计师们也不断地尝试各种不同的香味和风格以适应这位讲究的国王的需求。时至今日，法国香水如此有名，路易十四算是做出过贡献的。

　　在凡尔赛宫中，除了浩繁的服饰开支，极尽奢华的宴会花销也是惊人的，路易十四作为太阳王，把法国带入最繁荣的巅峰时代，同时也在整个上流社会特别是宫廷生活中掀起了一股强劲的奢靡之风。在路易十四晚期，凡尔赛宫差不多每年要消耗掉全国财政收入的一半以供皇室贵族享乐。

　　凡尔赛宫就像一个巨大的无底洞，巨额的财富、成堆的黄金白银投入其中，一转眼就没了踪影。凡尔赛宫见证了路易十四无休止的挥霍，同时也见证了他的伟大。建立凡尔赛宫一方面是为了享乐，另一方面也有他的政治意义。在黎塞留和路易十三相继去世后，五岁的路易十四接手了王位。当然，作为一个刚摆脱奶瓶的孩子，伟大的太阳王还做不了什么。此时他的母亲代他执政，黎塞留的继任者红衣主教马萨林掌握实权。而在当时，地方贵族势力开始抬头，马萨林缺乏他前任的才华与魄力，王权受到挑战，两次投石党运动甚至威胁到王权。路易十四修建凡尔赛宫将地方大贵族宣召进宫侍奉皇室，好酒好肉款待，同时对于敢于叛乱的贵族无情镇压。一手大棒，一手怀柔，将地方贵族治得服服帖帖，专制王权被发展到了顶峰。

　　在太阳王路易十四挥金如土的一生中，除了凡尔赛宫之外，还有一个更大的永不见底的旋涡——战争。在1648年路易十四刚刚登上王位才五年时，席卷整个欧洲三十年的战争结束。这场战争之后，欧洲各国实力重新洗牌。原来强大的德意志分裂，神圣罗马帝国名存实亡；西班牙实力严重削弱，退出一流强国的行列；荷兰独立成为海上霸主；法国在这场战争中取得阿尔萨斯和洛林地区，实力大增。在1661年马萨林去世后，路易十四取得国家实际控制权。

在经历了马萨林时期两次投石党运动后的路易十四对于国内贵族叛乱印象特别深刻，他对内采取怀柔政策和大棒政策相结合的手段，稳定国内局势，积极奉行重商主义的经济政策为国家积累财富；对外则积极争夺欧洲的霸权地位，由此而引发了一系列的对外战争。在路易十四掌权六年后的1667年到1668年，他针对西班牙发动了"遗产继承战争"。路易十四的王后为西班牙国王腓力四世的长女，腓力死后，路易十四以王后的名义要求继承西班牙在西属尼德兰的土地，在遭到拒绝后对西班牙发动了战争。战后法国取得了南尼德兰的部分土地。四年之后，路易十四借口荷兰在遗产战争中背弃了自己帮助西班牙，发动了针对荷兰的战争，这场战争从1672年延续到1678年，最后战争以法国的胜利而告终。

十年后，路易十四再次耐不住寂寞，试图大规模扩张领土。在哈布斯堡王朝东征土耳其时，路易十四针对哈布斯堡王朝发动了战争。此时欧洲各国被法国的野心所刺激，荷兰、神圣罗马帝国哈布斯堡王朝、英国、西班牙等国组成大同盟联合对抗法国。此次战争从1688年开始到1697年结束，历时九年，史称"大同盟战争"。四年后，又由于西班牙绝嗣，法国再次卷入战争。这场战争从1701年到1713年历时12年。两年之后，路易十四去世。

纵观太阳王路易十四的一生，大部分时间是在战争中度过的。频繁的战争、凡尔赛宫的巨额挥霍以及政府人员的贪污腐化使得法国经济陷入崩溃的边缘，政府不得不对民众增收高额税收，沉重的财政压力为后来法国大革命埋下了种子。当然，他看不到革命的那一天，不过伟大的太阳王也看出自己的挥霍给国家带来的深刻伤害，因此在弥留之际还不忘提醒继承者——不要学我乱花钱。

28 海刚峰青天阎王

◇ ······

"宣室求贤访逐臣，贾生才调更无伦。可怜夜半虚前席，不问苍生问鬼神。"自古帝王喜好修道求仙、长生不老，秦有始皇派人寻道问仙，汉有武帝著仙人乘露盘，到了明朝也有不少皇帝比较典型，喜好道教。其中嘉靖皇帝对修道求仙尤其热爱，他不仅自己积极修道，还要求全体臣子尊重道教，对于敢于进言劝谏的官员轻则削职为民、枷禁狱中，重则当场杖死。他任用善于写祭天青词的严嵩和严世藩，自己则深居皇宫，一心扑在神仙老道之术上，想要求得长生不老，位列仙班。甚至在位后面二十多年连朝政也不理了。朝廷官员虽然觉得荒唐，可是惧于严厉的惩罚，无人敢谏。

嘉靖四十五年（1566）是一个不平凡的年份，这一年，一位职位卑微的小人物冒着生命危险向皇帝直言上书。在这封被称作"直言天下第一事疏"，也被称为"天下第一骂书"的奏疏中，历数了皇帝的各项过失：大兴土木、修道求仙、荒废朝政、薄于父子、薄于君臣、薄于夫妇等等，直言在嘉靖的统治下天下吏贪将弱，民不聊生，水旱靡时，盗贼滋炽。在这封奏疏中，言辞极为严峻直白，甚至大胆地说出："嘉靖者言家家皆净而无财用也。"这封奏疏的作者正是素有"青天"之称的留名青史的海瑞海青天。

海瑞，字汝贤，号刚峰，于1514年1月23日生于海南。海瑞四岁丧父，虽然有几个叔叔伯伯在当官，却从来不会接济他。也许是秉承"万般皆下品，唯有读书高"的理念，海瑞母亲对海瑞的教育抓得特别严。海瑞自己也特别努力，每天除了吃饭就是学习，也不和同年的小伙伴玩。在不断学习的过程中，海瑞养成了顽强、遇事不气馁不服输的个性。

海瑞

年幼的海瑞并没有表现出惊人的天赋，不过他还是兢兢业业地刻苦学习。在他28岁的时候，终于考上了秀才。海瑞在科场上并不是一帆风顺，过了8年，在他36岁（嘉靖二十八年，即1549年）的时候，终于考上了举人。举人考上了，下一步，考进士。海瑞连续两次上京赶考都名落孙山，此时他已经四十出头了，家里的经济状况也越来越差。海瑞只好放弃上京赶考的念头，开始到户部去报到等待后补空缺职位。在明朝，进士有官职安排，而举人是不能直接上任做官的。首先必须到户部报到，等到有官位空缺时才能安排，一般安排的职位都是不入流的小官。虽说官小，毕竟是个官，要想顺利上任还得运气好。官位有了空缺，还得面试时好好表现，毕竟那么多举人都盯着，竞争压力还是比较大的。海瑞去户部办了报到手续，开始等待他官职生涯的到来。

海瑞运气比较好，没过多久就等到了他人生中的第一份官职——福建南平县教谕。教谕在整个官僚体系中算是不入流的，职位相当于现在县里教育局局长。不过那时的官员阵容和现在不能比，读书的人也要少得多，他也就相当于县学里的校长。虽然是个不起眼的小官，海瑞还是怀着极高的热情投入到了工作中。所谓新官上任三把火，海瑞一上任就严肃整顿。海瑞作为教谕主要管理县学的日常运营，以往县学中比较散漫，学生想学就来，不学就走，每天旷课、迟到、早退是家常便饭，也没有人严格管理。海瑞上任后立刻严格规范考勤制度，要求学生每天按时上课和放学，对敢于迟到、早退和旷课的学生严惩不贷。为了能让学生认真学习，他每天第一个到，最后一个走，把学生盯得死死的。也许是海瑞平时太严肃，对学生要求又严格，学生都怕这位新来的教谕，私底下都叫他"海阎王"。"海阎王"虽然严格，却从不收受学生的束脩，而以往先生收束脩一直被认为是天经地义的。这一举措为不少学子家庭减轻了经济负担。虽然海瑞对学生严厉无比，但学生对他除了害怕，同时也包含着无限的敬重。

海瑞做教谕时不仅对学生严厉，在对上级时也表现出铮铮傲骨。一次，知府到县学来视察，身旁两个县学的助理都下跪行礼，唯独海瑞连腰都没弯一下。知府很不高兴地说了句："这是哪来的笔架山？"当时海瑞和旁边助理的情形确实像搁毛笔的笔架。海瑞不仅没屈服，还有理有据地反驳教谕在县学里给知府下跪有辱圣贤规矩，等以后有机会去知府衙门再行跪礼。"海笔架"的称号也就在这时光荣打响。海瑞的铮铮傲骨于此也可见一斑，当然，由于"海笔架"的桀骜也没少得罪人。不过他做教谕时认真负责，严格要求学生，也做出了优秀的成绩。虽然得罪了不少人，海瑞还是遇到了赏识他的人。

嘉靖三十六年（1557），海瑞升任浙江淳安县知县。他终于由没品的不起眼小官升任为七品知县，当然这只是一个开始。"新官上任三把火"，海瑞一上台就发挥他当年不收束脩的清正廉洁作风，严肃官纪，严厉打击以前存在的各种陋习，特别是杜绝灰色收入。谈到灰色收入，首先就得了解明朝的官员俸禄情况。明朝的官员俸禄是在明太祖朱元璋时定下的，大家都知道，朱元璋出身贫寒，受尽了元朝官吏的剥削。所以自己当皇帝时，给官员的俸禄定得比较苛刻，他按照自家当年的情况把俸禄定在大家能够勉强养活自己和家人的水准就够了。随着时代的发展，物价也在上涨，所以原有的俸禄水准已满足不了官员的基本要求。在这种情况下就出现了在整个官僚体系中大家都默认的灰色收入。

在灰色收入中最常见的就是"淋尖踢斛"和"火耗"。"淋尖踢斛"是老百姓在交税时会把谷子倒进专门称谷子的斛中，这时负责称谷子的会把斛踢上几脚，而溢出来的算作运输过程中的损耗。溢出来的部分交税的人不允许回收，这部分就算是衙门的灰色收入。"火耗"出现的时间相对晚点，在万历年间张居正推行"一条鞭法"后要求赋税直接征收白银，而老百姓上交的都是碎银，官府需要将碎银融化重新铸成统一的银锭，这个融化重铸的过程就会产生一定的损耗，称作"火耗"。不过在融化重铸过程中产生的火耗是非常非常小的，官府征收"火耗"时大于实际"火耗"，这其中的差额就归官员所有了。在取得这些灰色收入后，衙门中通常按照职位高低进行分配。当然，在不同地方，不同官吏还会想出各式各样、精彩纷呈的增加工资外收入的方式，只要有机可乘，他们会毫不客气地捞上一笔。而对于"淋尖踢斛"和"火耗"这两种手段，大家不仅非常熟悉，而且都采取默认态度。

海瑞上任后杜绝一切俸禄以外的灰色收入，厉行勤俭节约。他甚至自己种菜，自己打柴，自给自足，自力更生。海瑞在任期间不仅大兴廉政之风，还切实维护最下层人的利益，特别表现在他别具一格的断案方式上。在断案方面，他没有包拯明察秋毫的天赋和不把真相大白于天下永不罢休的决心，但他遵循自己的办事原则："与其屈兄，宁屈其弟；与其屈叔伯，宁屈其侄；与其屈贫民，宁屈富民；与其屈愚直，宁屈刁顽。事在争产业，与其屈小民，宁屈乡宦，以救弊也。事在争言貌，与其屈乡宦，宁屈小民，以存体也。"（《海瑞集》）在他手上的案子基本是富人输穷人赢，乡绅输贫民赢。有时，他甚至并没有对事实做出严谨的调查，而是根据他心中的道德天平进行判决。当然，这其中也难免碰到"刁民"借机勒索富商的案例。鉴于这个特点，海瑞每到一地，穷人欢喜富人愁。

隆庆三年（1569），海瑞走马上任应天巡抚。应天巡抚管辖全国最富有的一块地方，包括今天的上海、苏州、常州、镇江、松江、无锡以及安徽的一部分地区，当地每年税收就占全国的一半。鉴于海大人廉政之风猛烈，反贪决心坚定，敢于得罪人，甚至对嘉靖皇帝也敢"骂"上一顿，声名太大，以至于"海阎王"还没到，应天府就闹翻了天。许多官吏自动离职或者请求外调，排场大的自动收敛，权贵们把红色大门改漆成黑色装落魄，有钱人想方设法装穷，有的甚至不惜举家搬迁。对于当地的变化，海大人表示出了相当的淡定，官还是那样当，事还是那样办。他一去就鼓励百姓伸冤，免诉讼费。在此地，他好好帮了回穷苦老百姓。

当时应天府有大量土地被富豪占去，而这些占地的人中有前任首辅徐阶的儿子。既然皇帝都能得罪，那首辅也就不在话下，海瑞不畏强权，最后迫使徐家退还所占田地。海瑞在任期内一心一意为百姓谋福利，兴修水利，不畏权贵，被当地百姓誉为"海青天"。由于海

海瑞书法——
读圣贤书，干国家事

瑞为人刚正不阿，容易得罪权贵，在隆庆四年（1570）被罢免。在离开之前，为了表示对当朝人士的极度不满，他怀着强烈不平的心理上疏写道——举朝之士，皆妇人也！

万历十三年（1585），离开朝廷15年之久的海瑞被万历皇帝提拔为南京都察院佥都御史，在上任途中再次被提升为南京吏部右侍郎，这一年海瑞已有72岁高龄。"老当益壮，宁移白首之心"，72岁的海瑞一上任依旧保持着他年轻时的斗志。为了严厉反贪，海瑞提出恢复洪武三十年（1397）时朱元璋所定下的法律，凡是贪污达80贯的处决后剥皮。由于朱元璋从小受贪官污吏盘剥，对其尤其痛恨，而当时天下初定，刑罚也就特别严苛。从1397年到1585年已经过了接近两百年，姑且不论物价上涨使得货币的购买力降低，当时苛刻的法律也已经不适合现状。这一建议遭到众人的非议，皇帝也没有采纳他的建议，但还是把他升为南京右都御使。海瑞上任不

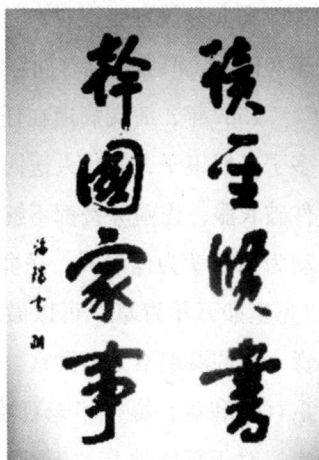

久，和大多数官吏不和，其下属言官开始上书弹劾他，海瑞自己也多次请辞，但皇帝没有同意。

1587年，海瑞病逝在任上。在他死时还惦记着兵部送来的柴金多了几钱银子，要仆人送回去。身为二品大员的海瑞死后只剩了几件破衣服，连殓葬费都不够。海瑞死后没有子女，南京的老百姓主动为他守孝为他痛哭，送葬的人绵延一百多里。李贽评价海瑞说："先生如万年青草，可以傲霜雪而不可充栋梁。"这个评价十分中肯。也许海瑞不太会做官，但他的清正廉洁，不爱钱，不畏权，心系百姓利益，赢得了老百姓的尊敬。对于部分人他有"阎王"之威，对于百姓他有"青天"之明。海瑞，海刚峰，海阎王，海青天，历史终将铭记！

29　　　　　吝啬鬼—钱如命

◇......

　　《笑林广记》中有一个"贪吝"的故事，说两个儿子一同吃饭，问父亲用什么东西下饭，父亲说："古人望梅止渴，你们可将墙壁上挂的咸鱼干，看一眼吃一口，这样下饭就行了。"两个儿子依言而行。忽然小儿子叫道："哥哥多看了一眼。"父亲怒道："咸死他！"

　　这位父亲可说是吝啬至极了，一顿饭舍不得做菜，多看一眼都不行，贪吝如此。中外历史上有很多这样的吝啬鬼，在一些著名的文学作品中，他们的形象被刻画得入木三分、淋漓尽致，让后人在读懂作家的讽刺寓意时，也引以为戒，不在金钱面前迷失自己。

　　西方最著名的吝啬鬼应该就是莎士比亚《威尼斯商人》中的夏洛克了，在这部作品中，莎士比亚非常成功地塑造了一个贪婪、阴险、凶残的吝啬鬼形象。威尼斯富商安东尼奥为了筹措好友巴萨尼奥的婚事，不得已向犹太高利贷者夏洛克借贷3000金币。安东尼奥为人慷慨，借钱给人从不要利息，而且还常常指责夏洛克贪婪，两人因此结下了仇怨。安东尼奥要借钱，夏洛克打算乘机报复，他提出自己不要利息，但若逾期未还，要从安东尼奥的胸口上割下一磅肉来。协议达成后，安东尼奥的商船碰巧失事了，资金周转不灵，无力偿还借款。夏洛克去法庭控告，坚决要安东尼奥履行合约从身上割下一磅肉来。在威尼斯法庭上，夏洛克说："我向他要求的这一磅肉，是我出了很大的代价买来的，它是属于我的，我一定要把它拿到手里！"他像一切吝啬鬼一样，有着一副贪婪的嘴脸，没有丝毫的同情怜悯，欲致安东尼奥于死地，好使自己的高利贷业务畅行无阻。最后，安东尼奥的朋友巴萨尼奥机智的未婚妻帮安东尼奥出庭辩护，说割肉可以，但血是安东尼奥的，夏洛克割肉时不能流下一滴血，否则按照法律是要被没收全部财产的。

　　夏洛克时代的犹太人因为善于放贷赚钱，被基督徒们打上了贪婪、吝啬的标签，屡被寄居地政府驱逐，所以"夏洛克"们有值得同情的一面。夏洛克狭隘、贪鄙、狠毒的个性是这个人物成为著名吝啬鬼的根本原因。

　　另一个著名的吝啬鬼是法国作家莫里哀《悭吝人》中的阿巴贡。阿巴贡捞钱的主要方式是放高利贷，他盘算着如何把尽量多的钱拿去生息。当他看到儿子花费在穿戴上的钱时，马上心痛起来："我敢打赌，仅仅假发罩跟绸带两项，至少值20个比斯托；20个比斯托，就按1/12放出去生利的话，一年就可以得到18个利物儿6个索尔8个德涅。"阿巴贡为了攒钱，省吃俭用，招待客人时往酒里掺水，还不许仆人给客人添酒；自制日历，将吃斋的日子延长；常常饿着肚子上床，以至于半夜饿得睡不着觉，便去马棚偷吃荞麦，挨了车夫的打。他爱财如命，吝啬成癖，对仆人及家人十分苛刻。他克扣子女的花费，贪没子女从母亲那儿继承下来的财产。不顾儿女各有自己钟情的对象，要女儿嫁给年近半百的老头子，因为对方"不要嫁妆"；他要儿子娶有钱的寡妇，因为这不仅不花钱，还可以捞到一大笔收入。藏在花园的金币丢了，他大喊大叫道："你一被人抢走，我的依靠、我的安慰、我的快乐就全没有了，我算是整个完蛋了，我还活在世上干什么啊？没有你，我简直活不了啦。全完啦，我实在受不了啦；我要死，我死啦，我已经入土啦。"

这个人物刻画得非常细致，通过很多细节和戏剧冲突来表现他爱钱如命、冷酷无情的性格，"阿巴贡"后来甚至成为吝啬鬼的代名词，可见影响之深远。

大文豪巴尔扎克的《守财奴》中葛朗台的小气劲也不比前两位差。葛朗台是法国索漠城一个最有钱、最有威望的商人，但为人却极其吝啬贪财。妻子要自杀，他根本无所谓，而一想到这会使他失去大笔遗产，他心里就发慌。于是千方百计地抢夺了女儿欧也妮·葛朗台对母亲财产的继承权，并惺惺作态许诺按月付100法郎的"大利钱"，可一年下来，一个子儿也没舍得给女儿，太太生命垂危之际，他唯一的思考是治疗"要不要花很多的钱"。

葛朗台对金子有着狂热的占有欲，这个76岁的老头子，在抢夺女儿的梳妆匣时，竟"像老虎一样扑向睡着的婴儿"。他担心女儿分去他手中一部分家财，"在女儿面前打哆嗦"，完全失去了常态。晚年患了"疯癫"，只能坐在轮椅上靠人推来推去，但他还亲自看着藏金子的密室。当他到弥留之际，还能够睁开眼时，竟几小时地用眼睛盯着金子，脸上的表情仿佛进了极乐世界。当神甫把镀金的十字架送到他唇边，给他亲吻基督的圣像，为他做临终法事时，他竟做了一个骇人的姿势，想把金十字架抓到手里。他临死时最依恋的不是唯一的女儿，而是将由女儿继承的那笔财产，他吩咐女儿要好好代为管理，对女儿最后的遗言居然是"把一切照顾得好好的，到那边来向我交账"。

对葛朗台，"守财奴"的称呼再恰当不过了，人变成了金钱最忠诚的奴隶，精神上完全被金钱奴役，人世间的一切道德情感对他来说都不存在了，事实上，富有的他们已经什么都没有了。

如果说葛朗台是在金钱面前迷失了自我，那果戈理的《泼留希金》则完全是丢掉了灵魂。泼留希金是果戈理笔下俄国没落地主的典型，是俄国封建社会行将灭亡的缩影。虽然贪婪、吝啬与葛朗台不相上下，但腐朽没落则是泼留希金的个性。他是最有钱的富豪，却又是最贫穷的乞丐，他的仓库里堆满了麦子和其他农产品，在堆房和栈房里也充塞着呢绒和麻布、生熟羊皮、干鱼以及各种蔬菜和果子，然而一个这样富裕的人，他的吃穿用度却极端寒碜。衣服就像一件妇人的家常衣衫，且沾满了面粉，后背还有一个大窟窿。头上戴的帽子，正如村妇所戴的，颈子上也围着一块不知是袜子还是腰带的莫名其妙的东西，反正不是围巾就对了。他的住室，根本不像是活人住的，屋子里放着"一个装些红色液体，内浮三个苍蝇，上盖一张信纸的酒杯……一把发黄的牙刷，大约还在法国人攻入莫斯科之前，它的主人曾经刷过牙的"。泼留希金虽然家存万贯，但对自己尚且如此吝啬，对他人就可想而知了。女儿成婚，他只送了一样礼物——诅咒；儿子从部队来信讨钱做衣服也碰了一鼻子灰，除了送他一些诅咒外，从此与儿子不再联系，甚至连他的死活也毫不在意。他的粮堆和草堆都变成了真正的粪堆，只差还没人在这上面种白菜；地窖里的面粉硬得像石头一样，只好用斧头劈下来……

泼留希金已经不大明白自己有些什么了，然而他还没有够，每天聚敛财富，就连经他走过的路，都用不着打扫，他甚至偷别人的东西。

这个可怜又可鄙的人，他只知道占有、占有、占有，舍不得在他所占有的里面花费一点点。他已经不知道为什么而活了，它的灵魂早已经在这种盲目的执着中死去。

在吝啬这一点上，似乎全世界都是相通的，中国也有本土的吝啬鬼，他们也有各自的小气法子，和外国同行们的所作所为相映成趣。

《儒林外史》中有个严监生，相对于上述四位超级吝啬鬼，他对家庭还是很有人情味的，同时他是个非常小家子气的人。书中有一个著名的情节，将他吝啬的性格刻画得非常生动。严监生临死那天，"晚间挤了一屋子人，桌上点着一盏灯。严监生伸着两个指头，总不肯断气……只管摇头。赵氏分开众人，走上前道：'爷，只有我能知道你的心事。你是为那灯盏里点的是两茎灯草，不放心，恐费了油。我如今挑掉一茎就是了。'说罢，忙走去挑掉一茎。众人看严监生时，他点一点头，把手垂下，登时就没了气"。

严监生临死前这两根手指与葛朗台弥留时伸手抓神父的十字架有异曲同工之妙，所不同的是葛朗台是对黄金的赤裸裸的欲望，严监生是在持家上过度节俭，虽然有一样的戏剧效果，但笑过之后，给人的感受毕竟是不同的。

郑庭玉的元剧《看钱奴》中有一段对白与严监生的"灯芯"相类似，甚至更见吝啬。巨富贾弘义病入膏肓时对义子长寿说："你不知道我这病是一口气上得的。我那一日想烧鸭儿吃。我走到街上，那一个店里正烧鸭子，油漉漉的，我推买那鸭子，着实的挃

（握）了一把，恰好五个指头挖得全全的。我来到家，我说盛饭来我吃，一碗饭我咂一个指头，四碗饭咂了四个指头。我一会儿瞌睡上来，就在这板凳上，不想睡着了，被个狗舔我这一个指头，我着了一口气，就成了这病。"

贾弘义死时留下钱财无数，狗舔了一手指头鸭油都能自己把自己气死，实在是活得没有乐趣。可冷眼过后再思考一下，这也许是他二十年前穷苦时穷怕了，战战兢兢地活在从前饥饿时的影子里，从这个角度看，他不惟不吝啬到让人讨厌，简直还有些可爱了，至少他没有在一朝暴发后奢靡无度地浪费下去。

吝啬鬼都有他们自己偏执的价值观，只有越来越多的金钱才能给他们安全感，甚至他们已经对生活麻木了，积累金钱只不过是他们不知道为什么要去追求的目标。当吝啬已经成了狂热的习惯，将自己锁在一座黄金的囚室里，偏激地花销或者收敛金钱，那生活还有什么乐趣？

30 黄粱一梦空空也

◇ ⋯⋯⋯⋯

　　明代富商沈万三，传说还没发迹的时候，有一年大旱，各处的草木都枯死了，但他们家有个长工，每天都能挑回一担绿油油的青草。日子久了，沈万三也觉得奇怪，问长工在哪里割的草，长工不肯直说。隔天，沈万三就一路跟着长工，发现他先是找了个地方睡懒觉，睡到没人时，才慢悠悠地转到一个叫作"凤凰山"的地方，割一担青草。第二天，沈万三命令长工带他去割草的地方，到了那里，果然有一块地方与众不同，青草格外茂盛，而且割了就长，很是神奇。沈万三百思不得其解，突然想到，这里是凤凰山，凤凰不住无宝之地，这里必定埋有宝物。经过挖掘，果然得到了一个铁盆。沈万三将铁盆拿回家，用它喂猪，猪长得特别快。后来觉得宝物不可唐突，又将它用作洗脸的脸盆。有一天，他夫人在洗脸时把手上的金戒指掉进盆里了，不一会儿，出现了满满一盆金戒指，他急忙试验其他的金银器物，那个盆子都能复制出无数个来。于是沈万三靠着这个铁盆，成了天下首富，为乡民做了不少好事。这就是沈万三聚宝盆的来历，聚宝盆在中国文化里面已经成了财富的代名词，现在很多年画上面还画有聚宝盆，有富贵发财的寓意。有趣的是，科幻作家倪匡先生在他的小说中就写过聚宝盆，这里的聚宝盆经研究原来是外星科技产品，盆内有肉眼看不到的复杂物理系统，工作的原理是将空气中的游离电子转变成实体的金属，从而达到复制的目的。将科学和神话传说相结合，让聚宝盆显得更加神秘了。

　　沈万三的聚宝盆确实让人神往，但终究是传说，或是神物，或是外星产品，都那么虚无缥缈，遥不可及。在现实中，历史上曾经也有一位"财神爷"，机缘巧合之下，他一朝登天。他没有聚宝盆，却有一项特别的权力；他的钱财不能迅速复制，却也是取之不尽、用之不竭；他只是一个小小的"公务员"，却"富过王侯"，贵不可及。但在下一个历史转折点，他又身无分文，穷困而死。他的一生，都在演绎一个真实的黄粱美梦。

　　汉朝从刘邦即位后，经历惠帝、吕后两朝，在吕后死后，陈平诛杀诸吕，周亚夫平定吴、楚反叛，迎接刘邦第四子代王刘恒继位，称为汉文帝。

　　据史书记载，汉文帝有一天做了一个梦，想要升天，可是又力不能及够不着，正着急着，一个黄头郎在后面推着他，一直把他推到了天上。文帝回头一看，那人的衣带在背后系了一个结。醒来之后，文帝就在宫中寻找梦中的贵人，恰巧有一个郎官衣带后系，和梦中场景相似。叫来一问，其人姓邓名通，古代皇帝都迷信谶语，爱玩字谜，"邓"字繁体似"登"，有登天的意思，这姓名就又暗扣着一巧。于是文帝很高兴，皇恩浩荡，对邓通宠幸日隆。邓通呢，可能性子谨慎内向，不太喜欢四处交游，文帝赐给他一个"洗沐"的封地，他也不怎么去，平时基本都不怎么出门，没有沾染当时张扬的权贵风气。

史书上对文帝这个人记载的都是仁慈朴素的形象，性格大概也是比较沉静，所以不论是有意巴结还是本性使然，邓通的言行举止很招文帝喜欢，"于是文帝赏赐通巨万以十数，官至上大夫。文帝时时如邓通家游戏。然邓通无他能，不能有所荐士，独自谨其身以媚上而已"。

本来这样的日子也挺好的，君王无意得到一个幸臣，有人说话解闷好好伺候；臣子被君王宠幸，荣华富贵满朝侧目。可是没过多久，继一梦得幸后，又一个好运砸到邓通头上。

秦汉两朝皇帝非常迷信，文帝虽英才高绝，却也不能免俗。他曾经召见很有才学的博士贾谊，谈至夜半，问的却不是治国经纬，而是鬼神之事，后来李商隐有一首《贾生》诗就是讥讽其事："宣室求贤访逐臣，贾生才调更无伦。可怜夜半虚前席，不问苍生问鬼神。"这也是文帝历史形象的一个小小污点。文帝曾让相士给邓通相面，相士说："当贫饿死！"文帝不信，很豪迈地说："能富通者在我也。何谓贫乎？""于是赐邓通蜀严道铜山，得自铸钱。"

且不去讨论相士是不是给邓通收买了，单单这四个字的后果，和文帝的梦一样，将邓通推上了天。

汉朝沿袭秦制，铸半两钱，虽然汉武帝之前半两钱的实际重量并无定论，但市场还是以铜钱为主。文帝时，将铸币权力下放，允许民间私人铸造铜钱。当时蜀中铜矿丰富，一座铜山，赐给私人开采的话，绝对是挖之不竭的宝藏。

邓通得到铜山的赏赐之后，自行铸钱。邓通铸钱质地均匀，铜

量足值，很受欢迎。他发行的钱称
为"邓通半两"，上书"半两"两个
大字，同时钱上有一小块凸起，这
是邓通半两的主要特点。当时吴王
刘濞经营吴国多年，吴地多铜，吴
钱的发行量很大，富甲天子，邓氏
钱流布天下，也可与吴钱比肩。

邓通半两

　　邓通暴富之后，对文帝感恩戴
德，小心伺候。有一次，文帝长了个毒疮，要经常把疮口里的脓水
吸出来，邓通数次为文帝吸脓，没有一点怨言，文帝很欣慰。一
天，文帝问邓通："你说天下谁最爱我？"邓通答道："那肯定莫过
于太子了！"文帝没再问，恰巧太子进来探病，文帝让太子帮自己
吸脓，太子娇生惯养的，哪受得了这个啊，但是父命不可违，王命
不可抗，没办法，只得照办，但是在吸脓的时候脸色难看是肯定
的。太子后来才知道，原来邓通天天干这差事，每天都为自己的父
亲疗伤吸毒，心里面是既愧又恨，惭愧的是自己侍父还不如邓通尽
心，恨的是邓通做得太周到、把他这个太子给比下去了。从此之
后，太子看邓通怎么看怎么不顺眼，大概除了政治上的防备，还有
些父子亲情上的嫉妒。

　　乐极则生悲，邓通这时可说是人生大赢家了，论钱是天下庶民
第一的财神爷，论势是皇帝近幸，恩宠无比。可是这一切都是建立
在文帝的信任上，文帝驾崩之后，太子刘启继位，称为汉景帝。

　　景帝在东宫时就与邓通有芥蒂，即位后，邓通就被免职了，这
下彻底在家里闲居了。闲居就闲居吧，家里还有那么多钱呢。可景
帝不可能就此作罢，邓通免职赋闲没多久，就被人冠以"盗出徼外

（塞外）铸钱"的罪名。于是邓通被下狱问罪，审查的结果是确有其事，结案的时候抄了邓通的家，一切财产全部充公，这还不够，还有"数巨万"的负债。

馆陶长公主是文帝的大女儿、景帝的姐姐，也就是"金屋藏娇"典故中陈皇后阿娇的母亲，她不忍见到父亲时的旧人这样落魄，就赐给了邓通一些财物。可没想到这边刚赐完，那边就有官差把这些财物没收还债，随身一根簪子都不给邓通留下。长公主没办法，不再周济邓通财物了，只给他衣食保暖。财神爷邓通在他最后的人生阶段，身上居然不能存有一个钱，贫饿交加，寄居在别人家中死去。

当时流传着一句俗语："力田不如逢年，善仕不如遇合。"下功夫种田还不如遇着一个好年景收成多，能宦海翻腾还不如被上面看重，这句话放在邓通身上，确实不错。纵观邓通一生，他不好交游，不树党徒靠山，对待储君缺乏政治敏感，没有政治远见，老实谨慎，只是个平庸的普通人。他遇到了一个喜欢自己的皇帝，获得了皇帝的信任，接受了皇帝的赏赐，成了名副其实的财神爷，但发迹后，不恃宠而骄，不干预朝政，尽心回报文帝的知遇之恩，确实也不算是个坏人。

沈万三曾恃财力为首都南京筑城，先与皇帝约好，每人分筑一段，结果沈万三投入大量人力、物力，比皇帝先三天筑成，朱元璋很不高兴。之后沈万三又提出自己出钱，帮朝廷犒军，朱元璋彻底翻脸，一道圣旨将沈万三发配云南。沈万三的传说与邓通颇为类似，都是天上掉馅饼砸到了头上，运气好到了极致，一生都曾有过辉煌，天下艳羡，但富贵不长久，都败在了皇帝的气量上。相较之下，沈万三虽然有一个神物聚宝盆，但他有经商之才，而邓通只是一个普通人，突然的好运降临，又突然地带走一切，春风得意时富甲天下、笑傲王侯，落魄失意后，却不名一文、贫饿而死，就像枕着《邯郸记》中的枕头做了一个黄粱美梦，不论梦里有多畅快，醒来时也不过空空一梦而已！

后　记

货币，文明的两张脸

◇ ⋯⋯⋯⋯⋯

　　人类之所以成为人类，一个普遍的观点是因为我们的祖先学会了使用工具，从天然石器到冶炼金属再到我们今天先进的无人机，文明的发展过程正是人类不断升级工具的过程。但这个观点其实也只是一种机械的历史观，或者说这里"工具"的范围至少应该比我们认为的要大——人类的发展，除了实体工具的使用，制度的建立和完善也起到了并不逊色的作用。而维系人类有序发展的制度主线之一，就是货币！

　　从本质上来说，货币其实也是一种"工具"。斧头的作用是作为武器延伸人类的战斗力，锄头的作用是作为农具增强人类改造土地的能力，而货币，则是促进了一种有序的流通，它使人们主观上的需求和现实中的存在相结合，使合理的资源配置成为可能。武器和锄头代表着军事和农业，这是人类文明史上两个奠基的元素，前者改变了社会的形态，后者决定了社会的发展程度，货币，则是用一种更广泛而温和的方式改造着社会关系，甚至在不同的时期，还会对军事、政治和农业的现状产生反作用力。

货币发挥作用的过程与它本身进化的过程相重叠，进化程度越高，影响力也就越不可忽视。

原始时代，没有剩余产品，无须货币来发挥流通和支付的功能。从原始社会末期进入农业社会开始，剩余产品增多，产生了流通需求，于是人类就开始了关于流通和支付手段的探索，货币也就应运而生。以物易物、以贝壳为代表的特定物品、刚性需求的布帛和谷物、称重金属、定式形态的金属、纸币、现代纸币、电子记录……同人类其他方面的延续和变革一样，货币也经历了一个复杂的进化历程，并且每一次的进化都在应用广度和深度上扩大了它的影响力。

这种影响力的积极效应在于激励人类发挥更高的生产力和创造力，所以我们的社会财富会随着货币制度的成熟呈现几何级的增长；同时，消极效应也日趋明显，它改变着我们的行为，让我们追求的标准日益单一而极端。到今天，在我们发达的生产力基础上，货币的这两种效应得到了空前的强化。我们成功地利用了货币，从口袋里的硬币到银行间转账的天文数字，整个社会依托它们高效而有序地运转着。但我们几乎所有的外在行为，甚至我们所处的“商业时代”，我们的文化和社会伦理，无不是在货币的主导下发生了深刻的变革。当货币越来越成为现代生活的中心元素，人类的所有欲望都可以转化成对金钱的欲望，地球上的文化体系都统一为金钱主义的商业文化，我们的社会是会在这种模式中持续发展下去，还是会日益割裂和混乱，这将是一个值得思考的问题。可以说，货币已经成为一种权力的象征，正以看不见的力量重塑着我们的社会，作为一种工具，已经超脱了它仅仅作为工具的意义。

货币绝对是好的，但就跟人类历史上其他"好"的东西一样：青铜能做农具也能做武器，语言能赞美也能侮辱，工业革命让世界产生现代化的突变，也牺牲了无数落后国家的人民……文明有着两张脸，虽然没有绝对的"好"与"坏"，但都会反馈给这个社会截然不同的结果。现在，从发达国家富人阶层奢侈生活与非洲大范围饥荒和疾病的共存，到传统村落的商业街式改造，再到街头经济犯罪，也许我们不得不思考，货币层面的这"两张脸"到底会带给我们什么？

货币只是一种工具，不管在我们接受的价值观中，这种工具是多么的耀眼，它至多也只是一种特殊的工具，关于货币的争论，归根结底是关于人的争论。无论是让它更好或者更坏，我们都无法改变，能改变的，只有我们自己的思维。当你面对货币时，能知道它是什么，它的过去和将来，它的能量和缺陷，它的功劳和罪恶，它的伟大和卑污……交织在它两张脸之间的现象太多太多了，认识了货币，也许就认识了这个世界！

主要参考文献

［1］（英）弗格森：货币崛起【M】，中信出版社，2009。

［2］郑家相：中国古代货币发展史【M】，三联书店，1958。

［3］宋杰：中国货币发展史【M】，首都师范大学出版社，1999。

［4］李成才等：《货币》纪录片【E】，中央电视台，2012。

［5］郭沫若：中国古代社会研究【M】，商务印书馆，2011。

［6］费正清等：剑桥中国史【M】，中国社会科学出版社，1992。

［7］孙绍年：货币银行学【M】，北京交通大学出版社，2008。

［8］（德）马丁等：资本战争：金钱游戏与投机泡沫的历史【M】，
华夏出版社，2008。

［9］宋鸿兵：货币战争【M】，中信出版社，2007。